AF451621

APPLICATION
DU CALORIQUE,

QUI SE PERD DANS LES CHEMINÉES DES TISARDS
DES CHAUDIÈRES D'USINES,

A UN VENTILATEUR

ET A UNE ÉTUVE.

APPLICATION
DU CALORIQUE,

QUI SE PERD DANS LES CHEMINÉES DES TISARDS DES CHAUDIÈRES D'USINES,

A UN VENTILATEUR
ET A UNE ÉTUVE,

Propres aux fabriques de *sirops*, de *sucres*, et d'*indigos*; aux manufactures d'*acide sulfurique*, de *savons*, de *soudes brutes* et de *sel de soude*; aux fabriques de *couperoses*, d'*aluns*, de *potasses*, de *salpêtres*, et à tous autres établissemens où l'on évapore des liquides, et où l'on en dessèche les extraits;

Par M. C. PAJOT DES CHARMES,

Ancien Inspecteur des mines et manufactures de France, membre de l'Athénée des Arts, et de plusieurs autres sociétés savantes, auteur du *Traité du Blanchiment des Toiles*, etc.; distingué par l'Institut national des Sciences et Arts, et proclamé par son président, à la fête du 1er *vendémiaire an* 7.

Æstuat, ut clausis rapidus fornacibus ignis.
4, Geo.

PRIX, 2 FR. 50 C. AVEC TROIS PLANCHES.

***

A PARIS,

Chez { L'Auteur, rue de la Vieille-Monnoie, n° 22.
{ Poulet, Imprim.-Libraire, quai des Augustins, n° 9.

1813.

Tous les Exemplaires qui ne seront pas signés de l'Auteur seront regardés comme contrefaits.

AVERTISSEMENT.

———

Jᴇ n'ai pas cru devoir mettre au jour ce petit ouvrage sans l'avoir soumis au Ministre éclairé qui aime et protége les arts utiles, et encourage les efforts des personnes qui s'y livrent. Son Excellence a jugé à propos de le communiquer au comité des arts et manufactures attaché à son ministère, pour qu'il l'examinât, et lui fît part de ses observations. L'opinion de ce comité est consignée dans la lettre ci-jointe, dont Son Excellence a bien voulu m'honorer.

Paris, ce 21 mai 1813.

Le Ministre des Manufactures et du Commerce,
Comte de l'Empire,

A M. Pajot Descharmes, *à Paris.*

Monsieur, j'ai soumis à l'examen du comité consultatif des arts et manufactures, le mémoire que
vous m'avez adressé sur l'application que vous
avez faite du Calorique qui se perd dans les cheminées des tisards des chaudières d'usines, à un
ventilateur et à une étuve. Le comité observe à
cet égard, que, quoique les procédés pyrotechniques
se soient améliorés depuis une vingtaine d'années
dans les usages ordinaires de la vie, il n'en est pas
de même dans les ateliers, où les manufacturiers
construisent généralement encore leurs fourneaux
d'après les anciennes routines. Il conclut de ce fait
que votre ouvrage paraît dans des circonstances

favorables, et qu'il ne peut qu'être utile. Il aurait seulement désiré d'y trouver un plus grand nombre d'applications des procédés pyrotechniques, et surtout que vous y eussiez joint des planches qui auraient rendu plus claires les descriptions des différens appareils dont vous parlez.

Voilà, monsieur, quel est l'avis du comité consultatif; je vous le fais connaître avec d'autant plus d'empressement, que votre mémoire n'étant point encore publié, vous pourriez profiter des observations qu'il contient, pour donner à votre ouvrage le degré de clarté et d'utilité dont il est susceptible; quoi qu'il en soit, monsieur, votre zèle mérite des éloges, et je vous témoigne la satisfaction que j'en éprouve. Recevez aussi mes remercîmens de la communication que vous avez bien voulu me faire.

J'ai l'honneur de vous saluer,

Signé, le comte DE SUSSY.

Les vœux du comité seront remplis.

Trois planches accompagnent ce traité; les figures qui s'y trouvent tracées
indiquent en détail les appareils que je
propose.

Un plus grand nombre d'applications
des procédés pyrotechniques sera aussi
publié sous peu, ainsi que je l'avais
annoncé par la note mise au bas de la
première page de ce mémoire; l'appro-
bation de Son Excellence, et l'opinion
favorable du comité consultatif, sont pour
moi d'un grand prix, et m'encouragent à
donner suite à cette entreprise, reconnue
utile.

Les diverses manufactures qui ont été
l'objet particulier de mes études, telles
que les *fabriques de glaces à miroirs,
soufflées et coulées*, les *verreries à
bouteilles*, *à vitres*, celles *à goblette-
ries*, etc.; les *fours à pain, à chaux,*

à plâtres, à briques et à tuiles, etc.; les *fours des manufactures de porcelaine*, et des *diverses poteries*, les *fourneaux de forges* (1) *et d'affinerie*, des *fonderies en cuivre et en plomb*, les *fabriques de produits chimiques*, *de potasse*, *de soude*, *de savon*, les *teintureries*, les *papeteries*, les *buanderi s*, etc.; en mot, toutes les usines d ns lesquelles j'ai été à portée de faire des observations sur l'économie du combustible, ou des applications du calorique qui s'y perd, seront examinées sous ce rapport, avec tout le soin dont je suis capable. Je compte faire paraître successive-

---

(1) On m'assure que M. Aubertot, maître de for_ges à *Vierzon* (département du Cher), a déjà fait, par des procédés qui lui sont propres, différentes applications avantageuses du calorique qui se perd dans les foyers de ses fourneaux, et qu'il a même obtenu, à ce sujet, un brevet d'invention.

ment le résultat de mon travail relatif à chaque atelier; en attendant, j'ai cru pouvoir offrir au public ce premier fruit de mes recherches et de mes essais.

APPLICATION

DU CALORIQUE,

QUI SE PERD DANS LES CHEMINÉES DES TISARDS
DES CHAUDIÈRES D'USINES (1),

A UN VENTILATEUR

ET A UNE ÉTUVE.

L'ART de mettre à profit tout le calorique produit par la combustion des corps, soit végétaux, soit fossiles, n'a pas encore fait beaucoup de progrès dans les manufactures à feu; les personnes que la curiosité attire dans ces établissemens, et qui sont douées d'un esprit observateur, y remarquent à cet égard, et avec surprise, de grands défauts d'économie. C'est donc servir l'intérêt des

---

(1) Je ferai connaître sous peu les moyens d'employer, par des applications à des opérations particulières, le calorique qui se perd dans les cheminées des fours et fourneaux d'usines.

I

entrepreneurs , et en même temps l'intérêt de l'État, que d'offrir les fruits de l'expérience acquise à ce sujet. J'ai été assez heureux pour me trouver en position de faire des essais utiles sur l'emploi du calorique qui s'échappe par les cheminées des tisards des chaudières d'usines : le ventilateur et l'étuve que j'annonce en sont les résultats. Les détails dans lesquels je vais entrer, feront connaître la méthode progressive du perfectionnement de ces deux inventions.

§. 1er.

Chaudières d'évaporation.

Avant de décrire le ventilateur dont il vient d'être parlé, il est à propos de donner connaissance du système d'évaporation auquel il a été appliqué , comme aussi des petites précautions qu'exigent, soit la conservation des chaudières qui lui sont propres, soit le gouvernement du feu. Ce système éprouvé remplit parfaitement son but. Trois chaudières le composent pour l'ordinaire ;

les noms de *préparante*, *d'évaporante* et de *réduisante* leur sont donnés, d'après l'action que le calorique exerce sur chacune d'elles. La préparante reçoit le liquide à la sortie du dépôt ou réservoir ; elle n'éprouve l'effet de la chaleur qu'après que celle-ci s'est plus ou moins épuisée sur les deux chaudières qui la précèdent, et qui, rapprochées l'une de l'autre, viennent se ranger, par l'extrémité opposée à leur tisard, contre cette même préparante, dans le sens de sa longueur.

Les eaux reçues dans la préparante, quelle qu'en puisse être la température, servent à alimenter la chaudière dite évaporante, dont, à son tour, les eaux nourrissent la réduisante. C'est dans cette chaudière de réduction que sont portées, jusqu'à la concentration requise, les eaux de dissolution des diverses substances salines susceptibles de donner des cristaux, lorsqu'on désire de les obtenir sous cette forme, ou bien on y réduit les mêmes eaux pour en extraire le sel sous la forme concrète. Dans le premier cas, le liquide, parvenu au degré de concentration convenable, est versé dans des vases de rafraîchissemens dits *cristallisoirs ;* dans le second, les eaux sont réduites, avec une attention toute particulière , à la conduite du feu , soit pour pouvoir enlever au fur et à mesure le sel qui tombe consécutivement au fond de la chaudière , une fois que la pellicule qui lui est propre s'est manifestée à la surface du liquide , et qu'il faut rompre pour hâter la précipitation du sel , soit pour empêcher ce même sel de s'attacher au fond du vaisseau de réduction. Le mouvement continuel de l'écumoire satisfait à ces deux conditions. Cet instrument est en consé-quence promené successivement sur chaque partie du fond de la chaudière , dans le sens de sa longueur ou largeur , et on enlève ensuite, à chacune des extrémités de la partie ainsi remuée , le sel que l'écumoire y a in-sensiblement ramené. Cette double opéra-tion est essentiellement recommandée au salinier chargé de la surveillance de ces chau-dières; car sa négligence peut être très-fu-neste à son maître.

Si le sel qui est tombé au fond de la chau-dière n'est pas enlevé aussitôt , il ne tarde pas à s'y fixer et coller d'une manière très-intime; dans cet état, si la chaudière est en plomb , elle court grand risque d'être fondue à la place même où est tombé le sel; dès ce moment , toute la liqueur est en danger de fuir et de se perdre dans la cendre du tisard. Si au contraire la chaudière est en cuivre, elle est plus ou moins altérée ou oxidée dans la partie qui se trouve en contact avec le sel; elle devient donc, par ce premier accident, plus susceptible d'être percée dans un second travail, et dès-lors elle court la même chance de la perte des eaux salées soumises à la réduction.

Lorsque les eaux dont on extrait le sel sous forme concrète, sont destinées à être réduites en tout ou en partie jusqu'à épuisement de celles contenues dans leur réservoir, la dernière chaudière de chaque reprise de leur évaporation doit être réduite à siccité. On sent d'avance avec quelle attention le feu doit être conduit et ménagé, lorsque l'eau baisse de plus en plus dans la réduisante; il arrive même que sur la fin de l'opération, la chaleur seule de la chaudière suffit pour dessécher le peu de pâte visqueuse dont le sel prend la forme dans cette circonstance, et qui est enlevée au fur et à mesure qu'elle peut être soutenue sur l'écumoire.

On a soin, pour la conservation des chaudières, d'arrêter la réduction toutes les quarante-huit heures au moins. La conduite de cette opération, qui exige la cessation du transvasement des eaux de l'évaporante dans la réduisante, soit qu'on fasse cristalliser les sels, soit qu'ils soient extraits sous forme concrète, se règle d'après la propriété des substances dissoutes de cristalliser à tel degré de concentration, et de se concréter à tel autre.

Aussitôt la réduction finie, on doit avoir la plus grande attention de laver et nettoyer chaque réduisante du système d'évaporation dont on s'est servi. Rien de mieux, lorsqu'elle est vide, que d'y verser de l'eau pure, dont on frotte, avec un balai un peu rude, toutes les parois de la chaudière, afin de hâter la séparation ou la dissolution du sel qui s'y est attaché ; il est infiniment rare de n'y en pas trouver.

Lorsqu'après cet enlèvement de sel, on découvre sur les côtés ou le fond de la réduisante, des petits trous ou des parties dégradées, non percées, on y coule de la soudure, si le vaisseau est en plomb mince ; si au contraire il est épais de trois, quatre ou six lignes, on remplit les trous découverts avec du plomb fondu ; les bords de la partie dégradée sont au préalable chauffés convenablement avec de la braise allumée, et de suite grattés au vif et nettoyés très-proprement.

Lorsque la chaudière est en cuivre, et que son avarie permet de couler dans les trous reconnus quelques grains de soudure, on s'en occupe aussitôt le nettoiement du sel fini, en prenant les mêmes précautions que ci-dessus, pour échauffer à l'avance la partie sujette à réparation. Si la défectuosité du cuivre ne peut être réparée par des grains de soudure, il faut alors se servir de clous ou de pièces du même métal qu'on rapporte et cloue selon le besoin. Dans ce cas, on est obligé de déplacer la chaudière; si cependant celle-ci est en plomb, et de l'épaisseur au moins de trois lignes, on se dispense de cet enlèvement en glissant sous la partie malade, entre la chaudière et les barres de fer qui la supportent, une tôle sur laquelle on rapproche et étend avec le marteau les lèvres du plomb à souder, toutefois bien avivées et nettoyées, ainsi qu'il été déjà dit. Cette juxta-position des lèvres du plomb à la tôle, et cette propreté, sont essentiellement recommandées, afin que le plomb neuf chaud qui doit remplir le vide, ne s'échappe pas dans les cendres du tisard, et qu'il s'unisse au vieux plomb, sans vide ni soufflure. Avec un peu de soin, un salinier intelligent répare lui-même ses chaudières, et économise ainsi l'argent et les momens de l'entrepreneur.

Au lieu de verser de l'eau pure, ou de petites eaux salées, si l'on en a, pour enlever le sel attaché aux côtés et au fond des réduisantes, des ouvriers, pour être plus prompts dans leur besogne, étonnent les parois de ces chaudières avec un marteau dont la panne est arrondie, et en frappant doucement et à petits coups redoublés autour du sel, ils parviennent à détacher plus ou moins proprement les croûtes qui se sont formées.

Cette méthode peut être bonne, quand on présume que le métal n'est point oxidé ; mais si par malheur il se trouvait tel, il est rare que le mal ne devienne pas plus grand, par une suite de cette percussion. C'est au maître de l'atelier à ordonner, selon les cas, le concours du marteau et de l'eau, et quelquefois même du ciseau.

Afin d'être plus tranquille sur les différentes soudures faites tant au plomb qu'au cuivre, il est toujours prudent de les couvrir soit d'un lut de blanc d'œufs délayé dans de la chaux ou de la craie tamisée, soit de farine de seigle détrempée, soit enfin du lut rouge des chaudronniers : on laisse sécher ces luts bien soigneusement avant de verser dessus de nouvelle eau à évaporer fournie, comme il a déja été annoncé, par l'évaporante, qui elle-même est entretenue par la préparante, et ainsi successivement jusqu'à ce que les eaux de même nature soient épuisées, si le besoin l'exige.

Le nettoiement ou le décroûtage de la chaudière réduisante ne demande, pour l'ordinaire, pas plus d'une heure et demie à deux heures, lorsque l'ouvrier chargé de ce travail important est adroit, exercé et actif. Il ne saurait, au surplus, être trop attentif, dans toute espèce de cas, à nettoyer au vif le fond des réduisantes : dans cette vue, il ne doit pas balancer à se servir d'une éponge ou d'un vieux linge, avec lesquels il enlève les dernières gouttes d'eau, et met ainsi le métal à nu. Ce n'est qu'en s'assurant, de la manière la plus scrupuleuse, de l'état de ces chaudières, qu'on évite les dangers du feu et les pertes des liquides.

L'essentiel, de la part du salinier qui réduit des eaux concentrées, c'est de s'assurer (et l'expérience lui a bientôt donné à ce sujet le tact convenable) que son écumoire, lorsqu'il la promène sur le fond de la réduisante, en touche toujours le métal immédiatement ; car aussitôt que celui-ci est engraissé par le sel, ou qu'il n'est point en contact avec le liquide, le sel qui le remplace donne lieu à une concentration de la chaleur, qui, s'accumulant, ne tarde pas à oxider ou à fondre le métal, selon qu'il est de plomb ou de cuivre.

Si j'ai un peu insisté sur les accidens qui ne surviennent que trop souvent aux chaudières de réduction par le peu de surveillance des ouvriers, c'est, d'une part, qu'ils sont presque toujours infiniment préjudiciables aux intérêts des propriétaires ou entrepreneurs d'usines, et que, de l'autre, il m'a paru très-utile de donner à ceux-ci connaissance des événemens qu'il importe de prévenir, et auxquels, quand ils sont arrivés, il leur convient de parer soit par eux-mêmes, ou par leur contre-maître, pour n'être pas exposés à un chomage plus ou moins long et nuisible, surtout quand leurs établissemens sont éloignés, ainsi qu'ils le sont presque tous, des villes principales de leur arrondissement, et par conséquent qu'ils sont privés, au moment du besoin, du secours des plombiers, chaudronniers, ou autres artisans dont l'aide et les talens leurs seraient nécessaires.

On saura, au reste , que si , pendant une réduction , on se trouvait surpris par une petite fuite de liquide , il y a quelque moyen de l'arrêter aussitôt qu'on s'en aperçoit, ou en augmentant le feu , si ce n'est qu'un suintement , ou si c'est un filet ou jet continu , en laissant tomber sur la place soupçonnée malade un peu de cendre , de poussière fine , même du sel sec , si l'on n'a pas autre chose sous la main ; l'une de ces matières , traversant l'eau contenue dans la chaudière , va boucher sur-le-champ la fente ou le trou d'écoulement, en s'y introduisant. Ce remède, qui n'est toutefois qu'un palliatif , donne au moins le temps soit de terminer la réduction, si déjà elle est avancée, soit de transvaser les eaux , s'il n'est pas possible de continuer le travail , sans courir un plus grand danger.

Comme, sur la fin d'une réduction, la chaudière qui réduit ne saurait plus être entretenue par celle évaporante , et que la préparante seule doit fournir le peu d'eau qu'elle contient encore, il convient, dans ce cas, que cette dernière chaudière reçoive toute la chaleur. Ce changement s'opère à l'aide d'un registre qui ferme la communication de la réduisante à l'évaporante, et un autre registre donne accès à toute la flamme sous la préparante. Cette nouvelle direction n'a lieu que lorsqu'il ne reste plus qu'un pouce environ de liquide dans l'évaporante, afin d'en avoir moins à transvaser. La même opération est exécutée, quand on a la même chaudière à réparer ou à renouveler.

Quoique le soin exigé pour le nettoiement des réduisantes n'ait point été recommandé pour les évaporantes et préparantes, vu qu'elles ne doivent jamais déposer de sels, néanmoins, à chaque fin d'une reprise de réduction, il est bon de les visiter, parce qu'à la longue il peut s'y déposer des substances étrangères, ou des espèces de marcs qui, par suite, pourraient compromettre les intérêts de l'entrepreneur de l'usine. Leur nettoiement, au surplus, est commandé de rigueur; chaque fois qu'il s'agit d'évaporer des eaux contenant des sels d'une nature différente de ceux obtenus par la réduction qui a précédé.

On doit observer que, pour des réductions de liquides à siccité, les tuyaux de chaleur pratiqués sous les chaudières composant le système destiné à ce genre de travail, ne doivent être distribués que sous leurs fonds. Si, au contraire, il ne fallait qu'évaporer et amener les eaux à une concentration pour cristallisation, alors on aurait soin d'établir autour des côtés ou *calendres* de ces chaudières, des tuyaux qui y conduiraient la chaleur, après qu'elle aurait produit son effet sur ces mêmes fonds. On prévoit que cette construction particulière exige une plus grande surface de terrein pour l'établissement de ces tuyaux auxiliaires.

Il n'est pas nécessaire, pour obtenir les avantages qu'offre ce système de chaudières d'évaporation, que le combustible se trouve posé sous toute la longueur de la chaudière réduisante; la moitié seulement du côté de la partie antérieure est réservée au foyer; on évase celui-ci à droite et à gauche, de telle sorte que la partie du fond de la chaudière placée dessus, soit disposée, le mieux possible, à recevoir l'action de la flamme du bois ou de la houille brûlante, et dont le calorique tend bientôt à parcourir les tuyaux sur lesquels repose l'autre moitié de cette réduisante, pour se diriger ensuite vers ceux qui reçoivent l'évaporante, et successivement vers ceux qui portent la préparante.

En construisant les tuyaux pratiqués tant

dessous les culs de ces chaudières que sur leur
côtés, on doit avoir l'attention non-seulement de ne pas leur donner plus de six à huit
pouces de hauteur sur huit à douze pouces
de largeur pour ce qui concerne les tuyaux
sous les fonds, et six pouces de largeur sur
huit à neuf pouces de hauteur pour les tuyaux
qui doivent embrasser les pourtours ; mais
encore on doit se réserver la faculté de les
ramoner aisément, ou autrement de les nettoyer avec un rabot. A cette fin on laisse,
à chaque tête de ces tuyaux, une ouverture
convenable et susceptible d'être fermée à
volonté, au moyen d'une ferrasse, d'un bou-
chon de terre cuite, ou simplement avec
des briques, dont alors il suffit que les joints
soient plaqués au dehors d'argile à bâtir,
afin que la maçonnerie voisine, lors du ramonage, ne soit pas exposée à être ébran-
lée, si la fermeture de ces évents était plus
solide qu'elle n'est proposée.

Les mêmes tuyaux de chaleur peuvent
servir, au besoin, de récipiens pour les
fuliginosités provenant de matières brûlées
dans les foyers des tisards, et qui sont susceptibles de s'y condenser pendant leur circulation. J'ai eu occasion, plusieurs fois,
de mettre à profit cette espèce d'appareil
sublimatoire.

Quelle que soit l'épàisseur des fonds des chaudières de réduction, tant en plomb qu'en cuivre, il est à propos de les poser sur une plate-forme, composée de grilles ou barres de fer d'un pouce carré, placées les unes à côté des autres, et ne laissant, pour ainsi dire, aucun intervalle entre elles ; car s'il existe un vide, ne fût-il que d'un pouce, le contact continuel de la flamme, joint au poids du liquide, ne tarde pas à faire plier le métal ramolli plus ou moins dans cette partie non garnie de barres, et l'espèce de poche qui y est ainsi pratiquée devient, le plus souvent, la perte des chaudières, par le sel qui y tombe ou qu'y ramène le mouvement de l'écumoire, et qui bientôt se colle au métal. On n'aura pas de peine à concevoir que cela doit être ainsi, puisque cette écumoire, promenée sur le fond des chaudières, ne peut, en passant, enlever le sel tombé dans cette poche.

La dépense de ces plate-formes en grilles paraîtra peut-être, au premier coup d'œil, un peu forte ; mais le fabricant s'y décidera volontiers, pour peu qu'il la compare à toutes celles qu'occasionent la destruction des chaudières, la perte des eaux qu'elles contenaient, celle du temps, etc.

Si , au lieu de placer sur le même niveau les trois chaudières de notre système d'évaporation , le terrein permet qu'elles soient élevées l'une au-dessus de l'autre par degré , jusqu'à la préparante , cette position donnera une grande facilité pour le service des eaux, dont alors on pourra régler à volonté le transvasement, au moyen d'une chantepleure. On peut, à la vérité, suppléer par un syphon à cette vertu de position que donnerait un terrein propice ; mais la chantepleure ou le robinet est bien à préférer. Ces instrumens exigent beaucoup moins d'attention , et ils économisent le temps employé à transvaser, avec la poche ou la pelle à rebord (en métal ou en bois), d'une chaudière à l'autre , quand celles – ci sont sur le même niveau , et que leurs eaux sont basses. On sait d'ailleurs que, si ces eaux étaient acides , on emploierait alors soit des robinets de verre ou de plomb , soit des syphons à soupape de même matière.

Au lieu d'un système d'évaporation composé de trois chaudières, dont une seule, constamment la même, est réduisante, on peut en organiser le service, en telle sorte qu'alternativement l'évaporante fasse les fonctions de réduisante, et celle-ci à son tour soit évaporante; mais alors il faudra un tisard sous chacune de ces deux chaudières, et la préparante recevra tout à la foisle calorique transmis par ces deux foyers.

On peut encore établir ce système sur quatre chaudières, dont la réduisante seule, avec tisard, est accotée de deux évaporantes; ces trois chaudières, placées de front, s'appuient sur la préparante qui longe le corps de la cheminée. Ce système ne peut guère convenir qu'à des réductions d'eaux pour obtenir des sels cristallisés; le service de la réduisante serait trop difficile pour en extraire des sels concrets.

J'ai eu aussi occasion de faire exécuter ce dernier système; mais le local, la facilité du travail, le prix du combustible et l'extension du commerce, sont ordinairement des motifs qui invitent à adopter l'un ou l'autre de ces modes, ou à l'ajourner.

Quel que soit le combustible dont on fasse usage, on doit veiller à ce que le courant d'air qui se porte à la grille soit vif et uniforme. On parvient à le régulariser ainsi par le moyen d'un évent pratiqué sur l'ouverture de la descente de l'escalier qui conduit au cendrier, et qui se prolonge en avant de la tête de la réduisante. Toute cette ouverture est fermée , sauf l'évent dont il s'agit, avec de mauvaises tôles plaquées de torchis ; ces tôles sont placées sur des barres de fer disposées pour leur objet, et d'une manière assez solide pour qu'au besoin du service l'ouvrier puisse marcher dessus en avant de la porte du tisard , et tout autour de ce même évent. Une ferrasse qui fait les fonctions de régistre, ouvre et ferme plus ou moins l'évent mentionné , d'après le gouvernement qu'exige soit le combustible, soit l'évaporation du liquide ; c'est aussi par cette même ouverture qu'on peut retirer les braises du bois , ou les *escarbilles* de la houille, qui, toutes choses égales, chauffe beaucoup mieux que le bois. Si la flamme en est moins longue , la chaleur qu'elle produit est en revanche plus intense.

Afin de donner plus d'activité à la flamme de la houille, non-seulement il faut avoir le soin de l'arroser de temps à autre et de la jeter mouillée dans le tisard , mais on doit encore verser , par intervalle , un seau d'eau dans le cendrier. La vaporisation considérable qui se détermine sur le champ, produit un très-grand dégagement d'oxigène ; la flamme en reçoit une nouvelle énergie pendant quelques instans. Cette immersion, qui rafraîchit d'autant les parois et le sol du cendrier, contribue aussi à conserver plus frais soit l'air qui afflue à la grille par l'évent dont il a été parlé, soit celui qu'on peut y amener de dehors par un canal particulier.

Cet avantage que procure le rafraîchissement du cendrier serait plus sensible si l'on était à portée d'entretenir un courant d'eau sur son sol, ou au moins un bassin plein d'eau qu'on pourrait renouveler de temps en temps, et dans lequel s'éteindraient les *escarbilles* ou les braises qui s'échappent à tout moment de la grille du tisard, et dont on la dégage lorsque le bien du service l'exige. C'est surtout pendant l'été, par rapport à la mollesse de l'air, que ces secours seraient très-utiles ; car, pendant l'hiver, et lorsque les nuits d'été sont fraîches, ce besoin ne se fait pas, ou beaucoup moins sentir.

Peut-être ne trouvera-t-on pas déplacé d'avertir que, lorsqu'on veut allumer de la houille sur une grille de tisard disposée exprès, il faut préférer de mettre sur les copeaux ou les brindilles de bois avec lesquels on veut l'allumer, de la houille *gaillettée* ; c'est ainsi qu'on nomme les morceaux de cette espèce de combustible, lorsqu'ils sont à peu près gros comme le poing ;

ils ne sont que des débris de la houille dite *gaillette*, dont des pains pèsent quelquefois plus de cent à cent cinquante livres. Quand cette houille gaillettée est allumée, on la recouvre et charge tout doucement de houille brisée, appelée *houille d'usines*, mais, par préférence, non mouillée pour le moment. En procédant avec cette précaution, il est rare qu'un ouvrier, quoique non exercé, n'allume pas son feu.

Ce même ouvrier saura encore que, lorsqu'il est nécessaire d'éteindre la braise de la houille, ou la houille même, il n'a autre chose à faire, sinon que de l'attirer au-dehors du tisard, si elle est sur sa grille, et de la laisser tomber sur l'aire du cendrier, en l'y éparpillant; en cet état, elle s'éteint promptement, sinon, en cas d'urgence, on verse de l'eau dessus. Il ne paraîtra pas non plus inutile de faire observer que lorsqu'on dégage les cendriers de leurs escarbilles, on doit être très-attentif, avant de les mettre en dépôt, à ce qu'elles soient bien éteintes, et mieux encore de les arroser soigneusement, surtout lorsqu'on les range en tas dans une cour; car elles sont susceptibles de s'enflammer par le premier courant d'air qui les frappe, pour peu qu'elles conservent de chaleur interne, et leurs cendres rouges, dispersées par un coup de vent, peuvent produire des incendies : ces sortes d'accidens ne sont par malheur que trop fréquens.

Lorsqu'on fait usage de la houille dans une fabrique, l'économie veut qu'on épluche avec attention les grosses escarbilles, qu'on a soin de rejeter sur le foyer ; il est très-rare qu'elles soient entièrement dessoufrées ou converties en *coak*, surtout si elles sont d'une certaine grosseur, et si elles proviennent de houille grasse sujette à se gonfler par la chaleur, ou de *cracher*, ainsi que disent les forgerons. Les escarbilles sont en outre employées avec avantage dans les cheminées des maîtres ou des contre-maîtres et des ouvriers. Il n'est pas jusqu'à leurs cendres, proprement dites, qui ne soient excellentes, soit pour les constructions hydrauliques, soit pour étouffer les joncs ou les grosses herbes des prés, naturellement trop humides.

Comme, en général, on ne saurait porter trop d'attention à l'économie du combustible, on veillera, lors de la construction des tisards, à laisser, vers la place où doit être à peu près posée la grille, plusieurs trous, soit en montant, soit en descendant, pour en recevoir les barreaux. Par ce moyen, lorsqu'il s'agira d'essayer le tirage de ces mêmes tisards, on pourra relever ou abaisser, à l'éloignement reconnu le plus convenable du fond des chaudières, et cette grille et ses supports.

Afin d'augmenter non-seulement la célérité de l'ascension du calorique en expansion dans le tuyau de la cheminée, mais encore l'activité des *ventilateurs*, tant pour l'évaporation à chaud, que pour celle à froid, dont il sera parlé tout-à-l'heure, on pourra employer, avec le plus grand avantage, le moyen suivant, si la localité le permet.

Au tuyau montant de la cheminée de chaque système de nos chaudières d'évaporation, sera adossé un semblable tuyau descendant et communiquant jusque dans le cendrier, sous la grille même du tisard, par le canal destiné, au besoin, à faire arriver du dehors de l'air frais. Ce tuyau descendant n'est, comme on voit, que le prolongement du tuyau montant; son objet est de rapporter à la grille, et comme un nouvel aliment, les fumées ou parties volatiles encore susceptibles d'ignition qui ont échappé à la combustion, et dont le calorique serait perdu entièrement pour l'usine , s'il s'exhalait dans l'athmosphère sans avoir été soumis à une nouvelle destination.

Des registres placés aux deux trous aspirateurs de l'air chaud et de l'air froid des deux espèces d'évaporations dont il va être question dans le paragraphe suivant, règlent la rapidité de ces deux courans, et le registre, disposé au-dessus de chaque chaudière préparante dans la cheminée du tisard, règle de son côté la vitesse de sortie des fumées des combustibles, et par conséquent le tirage de ce tisard ; il détermine en outre l'abondance de ces mêmes fumées ramenées par le tuyau descendant de la cheminée jusque sous la grille qui doit les aspirer, ou jusqu'à la partie vide laissée en conséquence entre la porte du tisard et cette même grille sur laquelle le courant les dirige, pour être dévorées par les corps qui s'y trouvent enflammés. On devine de reste combien cette combustion, ainsi régularisée par cette circulation continuelle, doit être utile sous les différens rapports auxquels son effet se rattache.

Je ne dois pas oublier de faire observer qu'il est nécessaire d'élever sous chaque hotte une séparation entre chaque chaudière évaporante et réduisante, en telle manière que la partie solide, au-dessus de chacune d'elles, forme une sorte de conduit à l'air y arrivant de l'atelier. Cette séparation, en forme de cloison, qu'exige l'application du ventilateur dont on va parler, se trouve garnie d'une petite porte à coulisse dont l'ouverture facilite le passage des eaux avec la poche, surtout lors des fins des réductions, et en outre si les chaudières sont placées sur le même niveau. Le bas de cette ouverture qui est pratiquée sur les bords de la réduisante et de l'évaporante, est couvert, dans cet entre-deux, d'un seuil de plomb mince pour empêcher que la filtration et la chute des eaux transvasées, et qui égouttent de la poche, n'aient lieu autre part que dans l'une ou l'autre de ces mêmes chaudières.

Il est à propos d'avertir que, dans le cas où l'on préférerait de retirer le sel concret des eaux que l'on évapore, il conviendrait de placer, à huit ou dix pouces de l'extrémité de la réduisante opposée à celle du côté du tisard, une petite caisse de plomb sup- portée par un châssis de fer plat posé sur les deux bords de la même chaudière. Cette caisse, qui a huit pouces de largeur, est garnie, seulement sur trois côtés, de rebords en plomb de sept à huit pouces de hauteur ; elle est destinée à recevoir le sel enlevé par l'écumoire du salinier, et à faciliter, par la pente qui lui est donnée, l'égout des eaux que le sel renferme encore. Sa devanture est garnie d'une petite barre mobile dont les deux bouts, en forme de crochets, empêchent l'écartement des deux joues qui forment rebord ; c'est sur cette barre que l'ouvrier frappe avec le manche de son écumoire pour en faire glisser le sel pâteux qui y reste attaché. Lorsque cette caisse est suffisamment pleine, on en porte le sel qui y est déposé, avec une pelle de tôle à rebord, dans une grande caisse en plomb ou en bois qui sert de dépôt provisoire, en attendant que ce sel soit porté à la sécherie de l'*étuve*, ou bien on l'y porte de suite s'il en est besoin ; et si la sécherie elle-même, en état de le recevoir, n'est pas éloignée de l'atelier d'évaporation. Toutefois cette caisse de dépôt doit elle-même être placée en pente, afin que si le sel qui y est porté, y séjournait quelque temps, il pût encore y égoutter le peu d'eau qu'il recélerait, et hâter ainsi d'autant sa dessication, lorsqu'il serait porté dans l'étuve pour y être soumis à l'action du calorique qui y est tamisé.

§. I I.

Ventilateur.

L'atelier dans lequel ce ventilateur a été construit, était rempli de chaudières dont l'ensemble composait un grand système, formé lui-même de plusieurs systèmes particuliers d'évaporation, semblables à celui qui vient d'être décrit. Les brouillards produits par les vapeurs qui s'en élevaient étaient tellement épais, surtout en hiver et dans les temps humides et bas, que l'intérieur en était obscurci, au point que, le plus souvent, les ouvriers avaient peine, non-seulement à se distinguer ou se reconnaître eux-mêmes, mais encore à surveiller leurs ouvrages. D'un autre côté, les ordures lavées et détachées de la charpente par les vapeurs qui s'y condensaient, salissaient dans leur chute soit les eaux des chaudières, soit les matières qui en étaient extraites ; elles abimaient aussi les vêtemens des ouvriers, et ceux des curieux.

Pour éloigner ces divers inconvéniens, je fis placer sur les chaudières une espèce de hotte en bois léger ; elle s'appuyait par sa partie supérieure sur le corps de la cheminée des tisards de chaque système de ces chaudières, et elle enveloppait tout le contour de celles-ci comme d'un manteau. On s'était réservé la faculté de l'ouvrir au niveau de leurs bords, par le moyen de volets appropriés en conséquence. A l'extrémité supérieure de cette hotte, qui, de la ligne des volets distribués autour de ces chaudières, jusqu'à cette même partie supérieure appuyée contre la cheminée, prenait une forme pyramidale, s'élevait un prolongement adossé au mur de la même cheminée ; il facilitait la sortie des vapeurs au dehors, en les conduisant jusqu'au-dessus du toit.

Par suite de cette disposition, l'atelier fut promptement purgé de ces nuages de vapeurs, tout à la fois mal saines et mal propres, qui se dirigeaient d'autant plus vite dans le tuyau extracteur, que l'air environnant y avait un plus prompt accès ; ce qui avait lieu surtout quand les volets de la hotte placés au-dessus de la gueule des tisards, étaient ouverts sous l'angle convenable, et que ceux placés sur le côté des chaudières étaient fermés. L'espèce de courant qui s'établissait alors, balayait les vapeurs avec une vitesse étonnante.

A cet avantage s'en joignit un autre, dont je sentis toute l'importance ; c'est celui que présentait cette disposition pour une plus grande évaporation des liquides , puisque je remarquai qu'en vingt - quatre heures il avait été évaporé un quarante - huitième de la masse de l'eau contenue dans ces mêmes chaudières, en sus du produit de l'évaporation ordinaire obtenue sans cette hotte. Je fais observer ici que ce sera toujours sous ce rapport que devront être considérées les diverses expériences dont il va être rendu compte , et qui ont eu lieu dans des chaudières échauffées.

La promptitude avec laquelle les vapeurs étaient entraînées au dehors, ne tarda pas à me faire naître l'idée de les diriger dans le tuyau même de la cheminée des tisards des chaudières. Je prévoyais que le calorique en expansion dans ce tuyau devait produire l'effet d'un puissant ventilateur. Voici comment cette idée fut réalisée. Je fis percer le corps de la cheminée dans la partie la plus voisine de l'extrémité inférieure du tuyau de la hotte, conducteur de la vapeur au-dessus du toit de l'atelier. Je fis ensuite boucher ce même tuyau à peu près au niveau de l'ouverture pratiquée à la cheminée ; je fermai tous les volets disposés sur le pourtour des chaudières , et je n'ouvris que ceux placés au-dessus de la gueule des tisards. L'effet produit par cet appareil était surprenant. La rapidité du courant était telle, qu'une chandelle ne pouvait rester allumée un seul instant à la tête des chaudières ; elle y était éteinte aussitôt que présentée.

En considérant la vitesse avec laquelle l'air introduit sous cette hotte chassait vers le tuyau de la cheminée les vapeurs élevées des chaudières , je m'aperçus bientôt que cette nouvelle disposition contribuait à une augmentation d'évaporation du liquide , puisqu'en vingt-quatre heures , toutes choses égales d'ailleurs , je trouvai qu'un trente-sixième de la masse du liquide était évaporé , soit par le courant d'air qu'attirait sous la hotte le calorique en expansion dans le tuyau de la cheminée , soit par l'action du ventilateur même sur les vapeurs, soit par le concours de ces deux moyens.

Réfléchissant alors sur la propriété dont jouit un air sec , de se saturer des parties humides avec lesquelles il se trouve en contact, propriété dont l'effet augmente par le mouvement imprimé à ce même air , je ré-

solus d'essayer à froid ce mode de vaporisation, en l'appliquant au système de nos
chaudières placées sur des tisards, mais pri-
vées de feu pendant l'expérience. Je m'étu-
diai donc à produire un contact très-intime
de l'air entré sous la hotte, avec la surface
du liquide ; pour y parvenir, voici l'expé-
dient que j'employai.

Au lieu du couvercle élevé et spacieux
offert par la hotte décrite ci - dessus, j'en
fis poser un d'une forme applatie, à très-
peu de distance des bords de l'évaporante
et de la réduisante, et sur toute leur longueur ; il se relevait ensuite en fausse équerre
vis-à-vis la cheminée ; il s'inclinait delà vers
le trou d'aspiration du ventilateur, et s'y
dirigeait en prenant une figure pyramidale,
à partir de l'angle de cette fausse équerre
jusqu'à cette même ouverture. Ce couvercle,
très-plat, était établi en telle sorte, qu'il ne
se trouvait depuis, et au-dessus de la tête du
tisard jusqu'au corps montant en fausse
équerre, que la pente reconnue indispensable pour qu'en traversant l'espace laissé
entre le couvercle et la surface du liquide,
l'air attiré fût obligé, dans son passage, de
lécher, pour ainsi dire, ce même liquide,
et de s'en imprégner fortement ; de là il de-

vait suivre la direction pyramidale de la deuxième partie de ce couvercle avant de s'échapper par l'ouverture faite au corps de la cheminée, dans laquelle le calorique en expansion remplissait ici les fonctions de ventilateur.

Afin que la partie plate du couvercle donnât la facilité de réparer les chaudières ou de les renouveler au besoin, son ensemble était construit de manière que sa longueur se composait de plusieurs châssis qui se fermaient à feuillures, à l'instar des ventaux de portes, et qui étaient en outre susceptibles d'être enlevés au besoin.

L'effet que je m'étais promis de cet appareil eut lieu tel que je l'avais préjugé, et à mon grand contentement, puisque je reconnus qu'en vingt-quatre heures l'évaporation du liquide contenu dans les chaudières, soumis à l'action dissolvante de l'air attiré, avait été d'un quarantième de la masse. Mais ce résultat, déjà très-avantageux, le devint encore plus par l'addition d'une bascule d'agitation dont le mouvement de va et vient renouvelait les surfaces du liquide à évaporer. Un mécanisme mu par l'eau, par le vent ou par un cheval, peut, suivant la localité, imprimer ce mouvement. Son effet, obtenu ici par le secours de la main, donne, en faveur de notre évaporation à froid , un produit encore assez important, puisqu'en vingt - quatre heures il s'est montré d'un trente-deuxième de la masse à réduire.

J'ai essayé d'appliquer cette bascule d'agitation à l'évaporation du liquide contenu dans les mêmes chaudières chauffées ; mais le résultat de cette expérience n'a pas été autant remarquable que je me l'étais imaginé ; il a été tout au plus d'un trentième. Il paraît que le liquide , rafraîchi par son agitation , a été d'autant retardé dans son évaporation.

Je réfléchis donc de nouveau sur la propriété que possède si éminemment l'air sec de s'emparer des parties aqueuses avec lesquelles il est mis en contact , mais en considérant toutefois ce liquide évaporable en couches les plus minces possible. A cette fin, je tentai en petit ce qui est pratiqué en grand dans quelques salines de l'est de la France, et dans celles étrangères, au moyen de fagots d'épines dans certaines contrées, et de cordes dans d'autres : les unes et les autres machines censées constamment couvertes d'une simple pellicule de liquide salé, dont la partie aqueuse est dissoute de toutes parts, et continuellement par l'air atmosphérique environnant.

Voici donc comment je parvins à imiter cette belle industrie de l'emploi des cordes à l'évaporation des eaux, et à régulariser le nouveau mode que j'exécutai en lui associant l'action de mon ventilateur. Je remplaçai les cordes par des brins d'osier, comme plus capables de résister aux liqueurs soit acides, soit caustiques, et comme plus propres en outre à conserver aux surfaces évaporantes qui en étaient composées, leur première position verticale, et aussi les distances entre elles qui leur auraient été affectées. D'un autre côté, au lieu d'élever les eaux, comme dans les salines mentionnées, pour les faire tomber ensuite sur les cordes disposées pour l'évaporation, je me servis d'un procédé inverse, c'est-à-dire que je plongeais mon *évaporateur* dans le liquide, et le relevais ensuite, tout imbibé qu'il en était, pour l'exposer à l'action dissolvante de l'air introduit sous le couvercle des chaudières.

Cette nouvelle méthode m'ayant mis dans la nécessité de relever les couvercles placés près de mes chaudières, j'estimai convenable de les fixer à 4 pieds et demi au-dessus des bords, afin que, lors de l'enlè-

vement de mon évaporateur, il pût y avoir
une distance d'environ 3 pieds, susceptible
d'être parcourue par le liquide s'échappant
tant des brins d'osier placés à claire-voie,
que des maillis fins et serrés de même matière qui les liaient entre eux, et que l'air
attiré, en se dirigeant sur les couches liquides restées sur les brins et sur les gouttes
qui tombaient de ces maillis, eût le temps
de produire son effet, soit sur les gouttes
mêmes pendant la durée de leur chûte, soit
sur les brins et la surface maillée d'osier, pendant la durée de l'élévation de l'instrument.

Afin de donner un aperçu des avantages
dépendant de cet évaporateur soumis à la
ventilation produite par le calorique en expansion dans le tuyau de notre cheminée,
il suffira de dire 1°. que le résultat de l'expérience faite à froid, au-dessus d'un bassin,
de huit pieds sur quatre, et contenant
huit pouces de liquide, comme dans les
expériences précédentes, a donné, en vingt-
quatre heures, une évaporation du dix-
neuvième de la masse ; 2°. que la même
quantité de liquide évaporée par le même
moyen, dans le même vase échauffé seulement par son fond, a été réduite d'un dou-
zième pendant la même durée de vingt-quatre

heures. On remarquera que la température de la liqueur, dans le second cas, ne s'est pas élevée au-delà de 60 degrés *Réaumur*.

En adoptant donc à la face opposée d'un corps de cheminée de chaudières évaporantes par la chaleur, un système de chaudières semblables évaporantes à froid, d'après notre appareil de hotte et d'évaporateur, il est facile de se rendre compte à l'avance, au moins par approximation, des avantages attachés à cette réunion. Qui ne voit, au surplus, que, par suite de l'évaporation à froid, on obtiendra une première concentration du liquide, lequel, transvasé dans les chaudières évaporantes à chaud, disposées de la même manière que celles à froid, donnera son produit dans un espace de temps nécessairement très-court, comparé à celui qu'auraient exigé les méthodes ordinaires?

A cette économie de temps, qui est la plus précieuse, puisqu'elle est la source de toutes les autres, savoir, l'économie du combustible, celle des bras, etc., se joignent les avantages résultant de l'application du couvercle au-dessus des chaudières, et qui consistent dans la propreté et la salubrité de l'atelier. Ces accessoires, on ne

l'ignore pas, ont la plus grande influence
sur la qualité des produits d'une usine.

L'ouverture à pratiquer au corps de la
cheminée, ne doit pas l'être indifféremment;
celle qui a donné lieu au ventilateur que
nous examinons ici dans tous ses détails,
a été arrêtée d'après la connaissance du degré de chaleur du corps même de la cheminée à son extérieur, son épaisseur prise
toutefois en considération. Dans l'application dont il s'agit ici, l'ouverture de la
cheminée a été déterminée à douze pieds du
bas du tisard de la réduisante; c'était la
hauteur mitoyenne entre ce même tisard
et l'extrémité supérieure de la cheminée
au-dessus du toit. Le thermomètre selon
Réaumur, placé en cet endroit, et en contact avec le mur de la cheminée, épais de
8 pouces, indiquait plus de 80 degrés.

Le trou aspirateur du côté des chaudières
évaporantes à froid adossées à la face opposée du corps de la même cheminée, était
percé à trois pieds au-dessus de la ventouse
qui se trouvait du côté des chaudières échauffées. A ces diverses élévations, le jeu de ces
deux espèces de pompes aspirantes ne présentait aucun danger du feu, ni pour l'atelier,
ni pour les hottes qui, par précaution, étaient

enduites d'une légère couche de plâtre, dans une longueur de 2 à 3 pieds en contre-bas.

On observera que la force raréfiante du calorique qui s'échappe, détermine naturellement la vitesse de l'air attiré sous la hotte et le couvercle des chaudières. Le produit de la vaporisation en suit donc les rapports ; les autres données restant les mêmes.

La longueur de la flamme du combustible doit aussi être considérée. Pour chauffer les chaudières qui étaient ici mises en expérience, on faisait usage du bois connu sous le nom de *charbonnage*, c'est-à-dire de celui destiné à être converti en charbons. Ce bois était mêlé par moitié avec celui qu'on appelle *marlot* dans les forêts ; c'est ordinairement la bûche, ou le bois de quartier des chantiers de Paris, coupé en deux. On brûlait aussi parfois des *bourrées*, espèce de fagots composés de brindilles ou sommités de branches d'arbres.

Quoique les volets placés sur les côtés des chaudières et au-dessus de la tête des tisards aient été annoncés devoir être à charnières, on peut néanmoins leur substituer des volets à coulisses. Des jalousies seraient peut-être encore plus avantageuses, en ce qu'elle donneraient la facilité de distribuer le courant d'air d'une manière très-convenable pour la plus prompte évaporation du liquide.

J'ai essayé, à différentes reprises, d'ouvrir les volets de la hotte qui touchent le corps de la cheminée, concurremment avec ceux placés au-dessus des tisards ; j'avais pensé que l'action commune des deux courans d'air introduits à la fois, aurait produit une évaporation plus considérable ; mon espoir a été déçu, en ce que l'air, arrivant le long du mur de la cheminée, paraissait nuire à la célérité de celui attiré sur la ligne du tisard.

Il n'est pas inutile de noter que la température ordinaire de l'atelier où l'on avait disposé, le système des chaudières évaporantes à chaud, était de 15 à 20 degrés *Réaumur*, et celle observée dans l'atelier opposé dans lequel étaient placées les chaudières évaporantes à froid, se trouvait à peu près de 25 degrés. Cette dernière température était produite par le calorique tamisé à travers le corps de la cheminée, et plus sujet à concentration dans le second local, vu qu'il était beaucoup moins spacieux que le premier.

Je dois faire observer que, dans le cas

où l'on se déciderait à retirer, sous la forme cristalline, les sels contenus dans les eaux soumises à l'évaporation, la caisse à égoutter les sels retirés sous forme concrète, doit être enlevée, afin que l'on ne soit pas gêné dans le service de notre évaporateur affecté à la réduisante. Le placement de cette caisse et de son châssis sur le travers de cette chaudière sera disposé en conséquence.

§. III.

Bascule d'agitation.

Cet instrument a été employé construit de deux manières : le premier modèle était composé d'un châssis en bois figuré en forme de marteau ; à chaque bout de sa traverse étoient fixées des roulettes, soit une seule avec épaulement et languette, soit deux réunies, dont une horizontale et une verticale, l'une et l'autre libres dans leurs chapes.

Dans le premier emploi, la roulette cheminait sur son épaulement, et sa languette, qui l'empêchait de dévier, entrait dans une rainure. A l'égard des deux roulettes placées dans le même corps de chape ; celle verticale servait à l'allée et venue du châssis, et la roulette horizontale s'opposait à sa déviation.

La queue du châssis était dirigée dans sa course sur un petit rouleau placé entre deux tiges qui empêchaient l'écartement du châssis. La queue de celui-ci portait sur sa longueur quatre *agitateurs* dont l'un jouait dans la chaudière dite préparante , et les trois autres dans celle nommée réduisante ou celle évaporante. On a vu plus haut les fonctions propres à chacune de ces chaudières. Les *doigts* de ces agitateurs peuvent - être ronds ou carrés ; sous cette dernière forme , ils présentent leurs angles au liquide qu'ils doivent agiter. Leur longueur ici est d'environ six à sept pouces ; ils ne doivent jamais toucher le fond des chaudières; ils sont disposés seulement pour imprimer un mouvement de va et vient , ou d'agitation à droite et à gauche à la surface du liquide , qui se met ainsi en contact avec l'air attiré par le calorique , faisant les fonctions de ventilateur, qui s'échappe continuellement par le tuyau de cheminée des tisards des chaudières.

On a soin que les doigts de l'agitateur, au lieu de garnir toute la longueur de sa traverse, fixée à la queue du châssis de la *Bascule*, n'en garnisse qu'une partie, c'est-à-dire, qu'un agitateur sera garni de doigts aux deux extrémités, et le suivant seulement dans son milieu, ainsi des autres agitateurs, en alternant.

Un petit rouleau placé au-dessus de la queue du châssis, et à peu près dans le milieu de sa longueur, se trouve garni d'un appendice armé d'un secteur dont la dentelure joue dans une petite crémaillère adaptée à cette queue, ou bien il est tout simplement garni à son extrémité d'une espèce de fourchette dans laquelle entre librement un tenon fixé sur la queue de ce même châssis. L'axe de ce rouleau, d'un côté, joue dans la cloison déjà mentionnée, laquelle sépare les deux chaudières; de l'autre, il déborde la réduisante, et c'est à cette extrémité que se trouve adapté un balancier dont le mouvement alternatif de bascule fait marcher le châssis dans la direction donnée à l'appendice, qui, à son tour, fait jouer à droite et à gauche ou la crémaillère ou la fourchette dont il a été parlé, et, par conséquent, contribue ainsi à faire agiter le liquide, et à en renouveler la surface, d'après la vitesse imprimée à ce même balancier.

Le second modèle de bascule d'agitation est composé seulement d'une traverse en bois fixée dans le milieu de la longueur de la chaudière évaporante ou réduisante , tant sur son bord au-dessus de la ligne du tisard , que sur celui qui la sépare de la préparante. La longueur de cette traverse est ensuite garnie, aux places convenables, de quatre agitateurs disposés de même que ceux du premier modèle , à l'exception que dans le second ils sont mobiles autour d'une cheville qui lesassemble à la traverse, tandis que ceux du premier sont fixes, n'étant susceptibles d'aucun mouvement sur eux-mêmes. Un tirant lie chaque agitateur l'un à l'autre, de telle sorte que celui qui reçoit le mouvement le communique aussitôt à ceux qui le précèdent ou le suivent.

Un levier du premier genre sert à imprimer le mouvement ; une cheville qui le pénètre et qui est placée sur la traverse, à peu-près vers le milieu de sa longueur, lui sert de point d'appui ; il a son point de résistance plus ou moins près de l'extrémité de l'agitateur. Un doigt plus élevé, et qui est placé à l'endroit le plus convenable pour recevoir le bout du lévier du côté du bras le plus court, lui en tient lieu. Au moyen de ce petit mécanisme, le mouvement imprimé, soit à droite , soit a gauche, au grand bras de lévier qui déborde la chaudière , est propagé de suite au petit bras de ce lévier , et par celui-ci aux agitateurs , à l'aide des quatre tirants dont il a été parlé.

Ces deux bascules d'agitation remplissent très-bien leur objet , et d'autant mieux , que le moteur quel qu'il soit , agit plus vite sur le grand bras de lévier de l'une, et le balancier de l'autre.

Les agitateurs étant dans le cas d'être enlevés, soit lors de la réduction des eaux , soit lors de la réparation des chaudières , on en a toute facilité; le lévier et le petit rouleau ne présentent aucun obstacle à leur dégagement , pour peu qu'on se rende compte de leur position et de leur jeu. Les agitateurs de la première bascule ne sont retenus dans leur milieu que par un boulon à vis ou une clavette qui les fixe à la queue du châssis ; les agitateurs de la seconde bascule , mobiles sur eux-mêmes dans le milieu de leur longueur , sont aussi facilement séparés du châssis qui les assemble, en enlevant la vis ou la clavette du boulon autour duquel ils se meuvent; leurs tirans peuvent être déplacés encore très-aisément, puisque l'an-

neau de leurs extrémités est simplement
pénétré par un piton fixé à chaque bout de
la branche des agitateurs. Les traverses auxquelles les uns et les autres ustensiles s'a-
daptent, se trouvant ainsi dégagées, il ne se
présente plus de difficulté pour les sortir de
dessous la hotte, ou les relever et attacher
à son couvercle. Dans le premier cas, il ne
s'agit que d'ouvrir les volets qui se trouvent
sur les côtés de chaque chaudière.

Le peu de force qu'exige le mouvement
à communiquer à ces bascules, laisse assez
pressentir qu'au besoin, le même moteur
pourrait faire mouvoir les deux instrumens
de cette espèce nécessaires au service de
chaque système d'évaporation ; la réunion
des deux bascules serait faite alors de manière à ce qu'elles reçussent une impulsion
commune.

§. IV.

Evaporateur.

Soit un châssis en bois léger de quatre
pouces moins long et moins large que le
bassin ou la chaudière dans lesquels il doit
être plongé. Sur son pourtour seront fixés

quatre claies d'osier blanc, dont les brins, de trois à quatre lignes de diamètre, auront en longueur quelques pouces de plus que la profondeur des vases évaporatoires. Ces brins seront éloignés l'un de l'autre d'environ un pouce et demi, et maintenus dans cet écartement, soit en haut, soit en bas, par plusieurs liens d'osier : la partie supérieure sera maillée d'osier fin et serré, dans une longueur d'un pouce et demi en contre-bas ; celle inférieure sera de même entrelassée avec un pareil osier, au moins dans la longueur de six pouces en contre-haut ; la partie intermédiaire restera en claire-voie. Ces quatre claies seront aussi liées avec de l'osier, sur leur quatre angles de réunion, autour du châssis ; elles ne font alors avec ce dernier qu'un seul tout.

Sur les longs côtés, censés vus de champ, de ce châssis, seront pratiquées, à un pouce et demi l'une de l'autre, des entailles propres à recevoir chacune un des bouts de la barre d'assemblage d'autant de clayons aussi en osier, et dont les brins, de pareille grosseur que ceux déjà mentionnés, seront écartés de même, et arrêtés haut et bas, ainsi qu'il a déjà été dit, en observant le même espace laissé en claire-voie. Afin que les clayons in-

térieurs au châssis conservent leur égale distance entre eux , ils y seront maintenus à
leur extrémité inférieure par un ou deux
brins d'osier, ou par un fil de fer enveloppé
de toile , suivant la nature des liquides à
évaporer. Par cette attache , il se trouvent
faire corps avec les petites claies fixés à
chaque extrémité de la longueur du châssis ;
ils sont en outre empêchés de sortir des
entailles qui reçoivent leurs barres d'assemblage , d'un côté par l'application d'une
traverse posée sur l'extrémité de ces mêmes
barres ; de l'autre, par de petits tourniquets
posés sur chaque entailles ; ce qui donne
la liberté de retirer séparément chacun de
ces mêmes clayons, soit pour les réparer ,
soit pour les renouveler. La pose des claies
sur le pourtour du châssis doit être faite
avec la même précaution , et de telle sorte
que la partie en claire-voie ne soit ni plus
haute , ni plus basse que celle des clayons
assujettis en leur place.

Sur chaque angle du châssis , ou à une
distance de ses petits côtés, raisonnée toutefois par rapport à l'équilibre , est posé un
anneau auquel est attachée uue corde. Celles
qui s'élèvent des deux anneaux fixés en re-
gard sur les deux longs côtés , sont assem-

blées et nouées de manière à former vers le
nœud, et, en prenant pour base l'entre-deux
des canaux, le sommet d'un triangle plus ou
moins obtus, d'après l'espace libre qui se
trouve au-dessus des vaisseaux d'évaporation. De ce nœud sort une corde qui est pas-
sée sur des poulies placées convenablement,
et à l'aide desquelles, et moyennant deux
semblables cordes auxquelles est attaché ce
châssis, on élève et abaisse ce même châssis garni de ses claies et clayons. Dans ce cas,
une personne s'exerce sur chaque corde,
presque toujours trop éloignée l'une de l'autre pour pouvoir être manœuvrée par le même
individu. Mais si l'atelier en donne la facilité, les deux cordes provenant de leur nœud
respectif sont, à la sortie des poulies dévidées
autour d'un rouleau armé d'un rochet avec
son déclit, plus d'une poignée à manivelle.
Ce rouleau doit être fixé à hauteur com-
mode, soit en tête du tisard, sur la ligne
commune à l'évaporante et à la réduisante,
soit sur la ligne de séparation de ces deux
chaudières d'avec celle préparante. D'après
cette dernière disposition, il est visible
qu'un seul ouvrier peut suffire à la manœuvre
du châssis.

L'appareil ainsi préparé, voici la manière
de s'en servir.

Supposons d'abord le châssis élevé à la hauteur de quatre pieds et demi environ au-dessus du vase contenant le liquide à évaporer ; si le local permet une plus grande élévation du châssis sans craindre les éclaboussures du liquide hors de ce vase , on doit la préférer. Supposons encore huit pouces de liquide dans le même vase qui est ici censé de forme quadrilatère rectangle et à fond plat, on descend , soit à la main , soit par le moyen du rouleau, le châssis garni de son armure jusqu'à ce que celle-ci touche le fond du bassin ou vaisseau d'évaporation ; on relève un moment après ce châssis, à la hauteur d'où il a été descendu, et on l'y laisse s'égoutter du liquide dont la surface de ses claies et clayons s'est plus ou moins imbibée. L'égoutage fini, on recommence l'immersion, et on relève de nouveau le châssis. Cette même manœuvre se répète successivement, soit pour l'évaporation à froid , soit pour celle à chaud. La seule différence à l'égard des immersions faites dans des liquides échauffés , c'est d'attendre non-seulement qu'il ne tombe plus de gouttes d'eau du châssis , mais encore qu'il ne s'y montre plus de fumée ni de vapeur aqueuse.

Supposons maintenant que les immersions

aient été renouvelées pendant un temps donné ; ce temps expiré, on s'apercevra, 1° que l'eau qui était contenue dans le vase au-dessus duquel on a opéré a diminué de hauteur d'une manière très-sensible ; 2° que l'eau restante, si elle est salée, a acquis plusieurs degrés de concentration.

On ne peut dire ni la quantité de liquide qui sera évaporée, ni le nombre de degrés de concentration qui seront acquis. Ces deux produits sont dépendans, quant à l'évaporation faite à froid au-dessus de vases non échauffés, des dimensions de ces mêmes vases, du degré qu'à la liqueur au moment où le ventilateur commence à s'exercer sur elle, de la sécheresse et de la vitesse que peut recevoir l'air ambiant, et en outre de l'attention de l'ouvrier chargé des immersions ; et pour l'évaporation à chaud, non-seulement des moyens ci-dessus énoncés, mais encore du gouvernement du feu, toutes choses restant égales pour ces deux méthodes.

Il est bon d'observer que si les liquides soumis à l'évaporation ne sont pas de nature acide ou corrosive, au lieu de brins d'osier dont se compose ici notre évaporateur, il paraîtrait plus avantageux qu'il fût formé avec des cordes, soit liées les unes aux autres et le plus près possible, à l'instar des cordelières de blazon, soit entrelassées de distance en distance, à la manière des ouvrages de vannerie, pour empêcher qu'elles ne se pelotent et ne se mêlent dans leur service. Ces diverses ligatures, de même que celles conseillées pour les évaporateurs en osier, sont des plus utiles pour modérer la descente des liquides, et les tenir plus long-temps exposés au contact de l'air extérieur attiré par le ventilateur.

Un avantage particulier que donne l'emploi des cordes, c'est de conserver plus long-temps que l'osier l'eau dont elles sont imprégnées; leurs hélices favorisent cette conservation : à cet avantage, les cordes en joignent un autre qui offre aussi son intérêt, celui d'être susceptible d'une longueur double au moins des brins d'osier recommandés plus haut, ou, autrement, d'une longueur double de la profondeur des vaisseaux évaporatoires, la flexibilité des cordes permettant l'immersion d'une plus grande surface dans la liqueur; d'où il suit, eu égard à nos chaudières et à toutes autres, une plus prompte évaporation dans le même temps.

Quant aux usines dont les chaudières sont trop éloignées des corps de cheminées, ou

dont la construction ne comporterait pas,
sans des dépenses extraordinaires, l'application de notre ventilateur, rien n'empê-
chera, sans doute, qu'on fasse usage de
notre évaporateur. L'air ambiant dans l'atelier n'exercera pas moins son action sur les
surfaces des claies ou des cordes dont il sera
composé. Moins borné pour son jeu que s'il
était renfermé sous une hotte, l'ouvrier sera
vraisemblablement le maître d'élever cet
instrument à une hauteur beaucoup plus
grande au-dessus des chaudières, et de procurer ainsi au liquide qui égouttera, plus d'espace à parcourir dans sa chute. On ne pourrait donc, d'après cet emploi, obtenir,
dans le même temps, et toutes choses égales,
qu'une plusforte et plus prompte évaporation.

Au fur et à mesure que la réduction des
eaux s'avance, les entrelas, soit en osier,
soit en cordes, de notre évaporateur, re-
tiennent des sels qui ne peuvent être dissous
par les mêmes eaux, de plus en plus concentrées. Lorsque la réduction est finie, et que
les chaudières ont été remplies d'un nouveau
liquide à évaporer, il suffit d'une première
immersion plus ou moins prolongée de ces
instrumens dans les nouvelles eaux, pour

qu'ils soient nettoyés de toutes les substances
salines dont ils peuvent se trouver encroûtés.

Pour tirer tout le parti possible de notre
évaporateur, soit en osier, soit en cordes,
on peut en faire l'application, soit aux bassins qui servent de dépôt provisoire, soit
aux réservoirs des eaux de dissolutions ou
de lessives des diverses substances salines,
si toutefois ils sont placés de manière à pouvoir en faire usage. Quelle que soit l'évaporation résultante de l'emploi de l'un ou de l'autre instrument, elle ne pourra qu'accélérer
d'autant la concentration de ces liquides,
lors de leur passage successif dans les différentes chaudières dépendantes de notre
système.

§. V.

Étuve.

L'étuve dont je vais donner la descrip-
tion a été exécutée avec succès dans la manufacture des glaces de Saint - Gobain, et
aussi à Soissons ; elle avait été destinée par-
ticulièrement à la dessiccation des substances
salines extraites de chaudières de réduction
dont il a été parlé au paragraphe premier.
La disposition de la chambre où cette étuve

a été formée à Soissons, était telle, que les chaudières se trouvaient placées précisément au-dessous; ce qui mettait à portée de profiter du calorique en excès sortant des tisards, etqui se perdait dans le tuyau de leurs cheminées.

Pour diriger ce calorique dans la chambre à étuve, j'établis, sur le carrelage, plusieurs conduits de chaleur adossés les uns aux autres, et se communiquant, par leurs extrémités ouvertes, d'une manière utile à leur objet. Un premier conduit faisant suite au tuyau de la cheminée dont l'issue au dehors était condamnée à l'endroit le plus convenable par un registre, recevait le calorique exhalé des tisards des chaudières, et se communiquait successivement aux conduits intermédiaires jusqu'au dernier, qui rendait à la même cheminée au-dessus du registre indiqué, le peu de calorique que les divers espaces parcourus, n'avaient pas eu le temps d'absorber ni tamiser.

Les registres d'entrée et de sortie servaient à gouverner la température de cette étuve, suivant les besoins. On avait jugé à propos de la fixer entre 3o et 35° Réaumur, d'après l'expérience qu'à ces degrés les substances salines, bien égouttées à l'avance, soit dans la chaudière d'où elles avaient été retirées, soit dans la caisse de dépôt provisoire, ne tardaient pas à y obtenir une dessiccation complète, et qu'en outre les ouvriers attachés au service de cette étuve pouvaient se livrer aux soins qu'elle exigeait, sans être trop fatigués, pendant le peu de temps qu'ils y consacraient, à différens intervalles, soit par la chaleur humide du local, produite par l'évaporation de la petite quantité d'eau que contenaient les matières mises à sécher, soit par l'air raréfié qu'on respirait, quand ces mêmes matières étaient parvenues à leur entière dessiccation, et au moment où on les retirait de la sécherie.

Deux ventouses pratiquées au plafond de la chambre pouvaient corriger cette atmosphère; sa modification ou son renouvellement était d'ailleurs facile, soit par l'ouverture totale ou partielle des fenêtres et de la porte, soit par l'ouverture des différens évens pratiqués tant aux fenêtres elles-mêmes que dans la cloison ou le mur qui leur était opposé.

Quoiqu'ici la chambre destinée pour étuve soit placée au-dessus des chaudières, rien ne s'oppose à ce qu'elle soit établie derrière, ou à côté d'elles. La sécherie pratiquée à Saint-Gobain était attenante au mur

de leurs cheminées, et elle se trouvait au
même niveau, c'est-à-dire, sur le sol de l'a-
telier. La disposition, dans l'un et l'autre
cas, présente les mêmes facilités, puisque,
par le fait, les conduits de chaleur qu'il s'a-
git d'établir ne présentent que des tuyaux de
cheminée horizontaux, au lieu d'être verticaux, ainsi qu'ils le sont tous plus ou moins
pour l'ordinaire. La seule chose qui doit décider l'entrepreneur, c'est la facilité que peut
lui donner le local; car l'étuve, placée à
côté et derrière les chaudières, offre non-
seulement plus d'économie, puisqu'à la suite
des tisards il n'y a que des conduits horizontaux à construire, mais encore que le calorique qui y arrive plus tôt, et sans se dis-
séminer pendant sa route, dans des conduits
verticaux, comme il arrive quand l'étuve
est placée dans une chambre au-dessus des
chaudières, doit nécessairement produire
un plus prompt effet.

Il est impossible de faire connaître le bé-
néfice que doit procurer une étuve construite d'après les principes que l'on vient
de poser; il tient à différentes causes susceptibles d'être plus ou moins modifiées
par la localité et par le commerce des entrepreneurs de fabriques, intéressés à l'adoption

de ces ateliers particuliers; il me suffira d'annoncer que l'économie résultante de la sécherie établie, soit à Saint-Gobain, soit à Soissons, présentait un avantage de cinq mille francs par an sur le combustible.

On peut construire les tuyaux de chaleur pour étuve de plusieurs manières, soit avec des briques, soit avec des pierres tendres ou dures, n'importe, suivant l'avantage que le pays offre à cet égard. Cependant il convient que la partie des conduits qui donne entrée au calorique soit construite en briques par préférence, autant que possible, et au moins dans une longueur de deux à trois pieds. Cette précaution inspire plus de tranquillité sur le danger du feu, et aussi sous le rapport de la calcination de la partie du conduit attenant à la cheminée.

En ce qui concerne les proportions dans lesquelles doivent être établis les conduits de chaleur, elles ne sauraient être de plus d'un pied de largeur sur dix-huit pouces de hauteur. Ceux construits à Soissons étaient réglés d'après ees dimensions, et ceux construits à Saint-Gobain n'avaient que huit pouces de largeur sur douze pouces de hauteur, le tout dans œuvre. Ces diverses proportions doivent être déterminées d'après le

volume de calorique que les conduits doivent recevoir, la nature des objets à sécher,
la grandeur de l'emplacement de l'étuve,
la commodité du service, et aussi le genre
de couverture adopté pour les conduits, etc.

Quant à ce dernier point, la couverture,
si la distance entre les petits murs de séparation des conduits est déterminée au-delà
de la longueur des briques ou tuiles ordinaires, alors on les couvre avec des faitières
coupées dans leurs plis, sinon on compose
des tuiles ou des briques tout exprès, à
moins que l'on ne croye pouvoir les suppléer par des dalles en pierre dure d'une
épaisseur convenable. Toujours est-il bien,
dans ces divers cas, que la couverture soit
doublée par un second rang qui coupe les
joints du premier. On veille alors à ce que
les deux rangs pris ensemble, quel que soit
leur mélange de dalles, de tuiles ou de briques, ne fassent pas trop d'épaisseur, afin
que la plate-forme que leur ensemble établit,
quoique les matières dont elle se compose
soient peu conductrices de la chaleur, en
laissent néanmoins tamiser suffisamment, et
qu'elle en reste elle-même imprégnée, pour
opérer comme il faut, la dessiccation des
substances qui lui sont soumises immédiate-

tement, ou qui sont disposées à telles hauteur et places avantageuses dans l'étuve.

Ces sortes de couvertures en terre cuite ou en dalles, ne peuvent être employées toutefois qu'autant qu'une chaleur de trente degrés Réaumur est suffisante, et que la substance mise à sécher sur la plate-forme serait susceptible d'être altérée par son contact avec une plate-forme en métal. Si au contraire le métal ne peut être nuisible, et si, d'autre part, on a besoin d'une haute température et d'une dessiccation prompte, c'est le cas de faire usage de couverture en fer, à laquelle on peut communiquer une chaleur de cinquante à soixante degrés R.

Quant à cette dernière couverture, des feuilles de tôle épaisse, ou des plaques de fonte, sont très-propres au double service auquel elles sont destinées ; les plaques néanmoins sont préférables, tant parce qu'elles peuvent difficilement se tourmenter, même par une grande chaleur, que par la forte épaisseur qu'on peut leur donner, qui conserve plus long-temps le calorique qu'elles ont absorbé, par le moindre nombre de joints qu'elles présentent dans leur placement, par leur peu de valeur, et aussi par la facilité qu'elles donnent au remuage des matières étendues sur elles , à raison de leur surface unie , dure et susceptible de recevoir , presque sans danger de la casse , ou d'autre dégradation , les chocs des outils propres à détacher ces mêmes matières que, par suite de leur humidité , la surprise de la chaleur y a pu fixer ou coller.

Les étuves de cette espèce que j'ai fait construire , étaient couvertes avec des plaques de fonte ; leur joint était fermé au-dessous par une bande de fer plat ou de tôle , enduite d'argile jaune détrempée , et sur laquelle reposaient , à demi-largeur, deux plaques rapprochées le plus près possible l'une de l'autre. C'est ainsi que l'on évitait l'inconvénient de la solution de continuité par rapport aux matières plus ou moins étendues sur la plate-forme , et qui auraient pu couler entre deux , soit par la quantité d'eau qu'elles auraient pu encore recéler, soit par l'effet d'une fusion aqueuse. Je n'ai pas éprouvé cet inconvénient des joints avec des couvertures en dalles que je faisais rapprocher intimement par le moyen des feuillures pratiquées à moitié de leur épaisseur.

Si l'on considère la disposition extérieure de ces sortes de couvertures en métal , et le calorique qu'elles laissent écouler abondam-

ment , vu qu'elles en sont un bon conducteur , on apprécie bientôt leur utilité , par
l'application qu'on peut en faire à la dessiccation d'une infinité de substances , soit que
le métal les touche immédiatement , soit
qu'elles soient placées dans une partie quel-
conque, haute ou basse, de l'étuve. Le service
est susceptible , comme on l'a vu , d'être
réglé selon qu'il est nécessaire.

Lorsqu'on envisage en outre le parti qu'on
peut tirer de la disposition intérieure de ces
conduits , on ne tarde pas à reconnaître ,
ainsi que je l'ai déjà laissé entrevoir plus
haut , tout l'avantage qu'elle présente pour
la circulation et le dépôt de certaines substances douées de la propriété de se subli-
mer et de s'attacher aux parois de ces
sortes de récipiens , selon leur nature plus
ou moins volatile , et qu'elles sont plus aptes
à se condenser par le refroidissement in-
sensible que produit la dégradation de chaleur opérée dans les mêmes conduits, depuis
celui qui la reçoit, jusqu'à celui qui la rend ,
pour ainsi dire , anéantie. J'ai eu occasion
de me servir de cette espèce d'appareil pour
plusieurs expériences de ce genre , notam-
ment pour la fabrication du *muriate d'ammo-*
niaque, du *sulfate ammoniacal*, ect. je ferai

connaître plus tard les résultats de mes différens essais avec le secours de ces mêmes
conduits.

On a vu qu'au plafond de cette étuve se
trouvaient pratiquées deux ventouses par
lesquelles s'échappait l'air plus ou moins im-
prégné des vapeurs aqueuses des matières
mises à sécher ; au lieu de perdre le calorique dont est imbu cet air humide, il serait
possible d'en profiter pour le service d'ateliers particuliers disposés au-dessus ou à
côté de l'étuve ; il est mainte circonstance
où une chaleur humide serait nécessaire.
Rien de ce qui présente un avantage quel-
conque ne doit être indifférent à un entrepreneur actif, intelligent, et qui cal-
cule ; il sait, par l'expérience journalière,
qu'il n'y a pas de petite économie à rejeter
dans une fabrique ; qu'il va de son intérêt,
et du succès de ses spéculations bien enten-
dues, d'essayer toute la série des ressources
que lui offrent les différentes opérations principales qui l'occupent, et que les accessoires,
conduites avec prudence, sont suffisantes
quelquefois pour l'indemniser des frais que
comporte le roulis de son établissement.

Quoiqu'on n'ait indiqué que trois manières
de couvrir les conduits de chaleur des étu-

ves , savoir, avec des briques ou tuiles, avec des dalles de pierre , et avec des tôles ou des plaques de fonte , il serait parfois convenable , selon les matières à dessécher , de composer les couvertures moitié en plaques de fonte ou en feuilles de tôle , et moitié en briques , carreaux , ou en dalles qui seraient posées sur les premières. On obtiendrait , de cette réunion, une température mitoyenne entre celle produite par l'usage des couvertures métalliques , et celle que donne la terre cuite seule ou la dalle de pierre dure. L'entrepreneur devra donc adopter celle qu'il estimera la plus propre aux matières , sous le rapport de leur dessiccation prompte ou lente , et aussi sous le rapport de leur qualité, etc.

Les régistres et les tuyaux des cheminées dont on soutire le calorique pour l'amener dans l'étuve, doivent être disposés de manière à donner à ce même calorique une issue libre hors de l'atelier, par la voie directe des cheminées des tisards des chaudières. Cette facilité de l'y introduire ou de le porter au dehors, à volonté , pour le bien du service, peut avoir , dans plusieurs circonstances, une grande utilité.

Il est à remarquer pareillement que les

passages pratiqués aux extrémités de chaque conduit, ne doivent pas être ouverts
dans toute la hauteur de leurs petits murs
de séparation, mais seulement dans la partie
basse tenante au carrelage, en telle sorte que
l'espèce de diaphragme dont cette ouverture
se trouve couronnée, puisse retenir long-
temps le calorique circulant dans la partie
du tuyau qu'il parcourt successivement. Afin
que la chaleur soit maintenue plus égale d'un
retour à l'autre, et dans tout l'espace qu'offrent les conduits, ceux-ci pourraient même
avoir une longueur décroissante, depuis
leur embouchure avec le tuyau de la cheminée, jusqu'à l'extrémité opposée à laquelle
ils se réunissent. Leur largeur, au contraire,
pourrait être croissante depuis le carreau
de l'aire de la chambre jusqu'à leur couverture.

Si, au lieu de se borner à des tuyaux de
chaleur établis sur le carrelage de l'étuve,
on croyait convenable de les prolonger soit
horizontalement, soit verticalement, sur les
murs de son pourtour, avant de les rattacher
au corps de la cheminée, cette addition ne
pourrait qu'accroître le tamisage du calorique
dans l'atelier, et contribuera à l'épuiser entièrement ; cependant il semble qu'elle ne devrait

avoir lieu, par rapport à son effet, qu'autant qu'elle serait reconnue bien nécessaire
pour des opérations toutes particulières ;
car cette disposition de tuyaux placés sur
les murs du pourtour de la chambre, tend
à rendre sa partie vide qui touche le plafond,
toujours plus chaude que celle qui avoisine
son aire, tandis que le contraire doit exister
par la disposition des conduits placés sur le
carrelage. Dans les cas de cette addition de
tuyaux, il serait bien non-seulement de préférer ceux horizontaux, mais encore de pratiquer, à chacun de leur retour, des dia-
phragmes propres à retenir le calorique dans
chaque conduit, dont en outre le rétrécisse-
ment pourrait être gradué, ainsi qu'on l'a déjà
recommandé pour les tuyaux établis sous la
plate-forme auxquels ceux - ci sont censés
faire suite.

§ VI.

*Indication des fabriques, et usines auxquelles
notre Ventilateur et notre Étuve peuvent
être utiles.*

L'extraction des *matières sucrantes* étant
aujourd'hui excitée de toutes parts, non-
seulement par le grand intérêt qu'y attache

l'Empereur et Roi , mais encore par les effets de sa munificence , tout Français animé de l'amour de sa patrie , doit redoubler de zèle et d'efforts pour seconder les vues paternelles de Sa Majesté. J'ai donc pensé que l'application d'une étuve, dans le genre de celle que je viens de décrire , pourrait contribuer au progrès de cette nouvelle industrie.

J'ai encore lieu de croire que cette même étuve conviendrait parfaitement aux *indigoteries* , dont les produits , de même que les sirops de sucre , demandent une dessication graduée. Ces sortes d'usines , auxquelles Sa Majesté vient aussi d'accorder des encouragemens , ne nous importent pas moins que les sucreries , puisque le succès de ces divers établissemens doit avoir une grande influence sur la prospérité publique.

L'usage de notre *évaporateur* , soit qu'on l'emploie seul , soit que notre *ventilateur* lui soit associé , ne saurait pareillement qu'être très-avantageux à ces fabriques.

L'un et l'autre moyen doivent en outre présenter le même degré d'utilité à différentes autres manufactures anciennes ou nouvelles ; par exemple , aux manufactures *d'acide sulphurique* pour la concentration des eaux acidulées, sortant des chambres de plomb ; aux manufactures de *soude brute*, pour la réduction des eaux sulfatées, soit dans les ateliers où, d'après mon procédé que j'ai pratiqué le premier à Soissons, on brûle les terres sulphuriques mêlées avec le muriate de soude pour en obtenir le sulfate ou cristallisé, ou sous forme sèche, soit dans tous autres où l'on opère suivant diverses méthodes pour en obtenir de semblables produits ; aux manufactures de *sel de soude*, afin de verser dans le commerce, sous la forme cristalline ou celle concrète, le carbonate de soude que contient la dissolution des soudes brutes ; aux diverses fabriques de *savons*, pour la concentration de leurs petites eaux, soit alcalines, soit de recuit ; enfin aux fabriques de *couperose*, d'*alun*, de *potasse*, de *salpêtre*, et autres établissemens où l'on prépare des produits chimiques, et dans lesquels la réduction et la concentration du liquide, et la dessication des substances qui en sont extraites, sont un objet principal ou accessoire de leurs travaux.

C'est donc aux entrepreneurs éclairés sur leur véritable intérêt à calculer l'avantage que doit leur présenter l'application à leurs divers ateliers, du calorique qui se perd dans les cheminées des tisards des chaudières de leurs usines. L'expérience que j'ai acquise ne me permet guère de douter de l'adoption de ces deux nouveaux moyens par tous ceux qui, sourds aux cris des préjugés et de la routine, mettent l'économie au premier rang dans les objets de leur commerce.

Notre ventilateur a été éprouvé en l'an 1800, et notre étuve en 1807, dans la manufacture des glaces de St.-Gobain, lorsque j'en étais le directeur. Ce dernier appareil a été également soumis à l'expérience en l'an 1809, dans notre manufacture de soudes à Soissons. J'ai eu occasion, en août 1812, de conseiller l'usage de ce nouveau ventilateur à M. *Grillon de Villeclair*, directeur de la sucrerie impériale établie à Châteauroux, département de l'Indre. Je me plais à croire que l'application qu'il en aura pu faire à ses travaux lui en aura démontré tous les avantages.

A l'égard de mes bascules d'agitation et de mon évaporateur, j'ai appris que des instrumens analogues avaient déjà été employés ou proposés dans des manufactures de sirop. J'ignore en quoi ils peuvent ressembler à ceux que je viens de décrire, ou

s'ils en diffèrent : il appartient aux entrepreneurs de les comparer et d'en apprécier le
mérite ; cependant je les invite à ne pronon-
cer qu'après avoir soumis les uns et les autres instrumens à l'influence de mon ventilateur.

EXPLICATION DES FIGURES.

PLANCHE PREMIÈRE.

Les mêmes lettres, dans les différentes figures correspondantes, indiquent les mêmes choses.

Figure Ire. A gauche, elle représente la réunion de trois chaudières formant notre système d'évaporation. A droite, on voit le plan de la sécherie d'une étuve adossée au corps des cheminées des chaudières.

1. Chaudière préparante.
2. Chaudière évaporante.
3. Chaudière réduisante.

Ces trois chaudières sont garnies de nos deux bascules d'agitation. Celle dont le châssis est mobile, sur roulette, garni en outre d'un rouleau, avec des agitateurs fixés au châssis, est placée partie sur la chaudière réduisante, et partie sur celle préparante. La bascule à châssis fixe et avec agitateurs mobiles et tirans, est posée partie sur la chaudière évaporante, et partie sur celle préparante. On verra, dans d'autres figures, les détails de ces deux bascules.

4. Projection de la hotte en forme de manteau, cou-

vrant les trois chaudières, pour l'issue seule de leurs vapeurs.

5. Place des volets à charnières, formant le bas du pourtour du manteau.

6. Place des volets à coulisses, ou des jalousies donnant accès à l'air extérieur, entre la hotte et les chaudières.

7. Cloison qui sépare la chaudière évaporante d'avec celle réduisante.

8. Porte à coulisse servant au passage des liquides à transvaser de l'évaporante dans la réduisante.

9. Tuyau de cheminée pour la sortie directe des fumées.

10. Tuyau communiquant à celui de la cheminée 9, et qui est destiné, soit à entretenir directement un courant d'air sur la grille du tisard, soit pour la descente des fumées aspirées par le combustible allumé sur le foyer de ce même tisard.

11. Registre qui intercepte le passage du calorique sous l'évaporante.

12. Autre registre qui ouvre au calorique le passage sous la préparante.

13. Registre qui, dans le cas de l'ouverture de celui 12, ferme toute communication de chaleur sous l'évaporante.

14. Couloir pris dans l'épaisseur du mur 15. Il conduit au pied du tuyau de la cheminée 9. On en démarge au besoin la fermeture pour le ramonage de cette cheminée, et pour en enlever en même temps la suie qui pourrait y être tombée.

16. Autre couloir qui mène au pied du tuyau de descente 10.

17. Plate-forme en métal de la sécherie de l'étuve, adossée au corps de cheminées des chaudières.

18. Bordures formées de briques 19, et d'une ceinture de fer plat, posée de champ, en avant de cette bordure.

20. Poteau supportant la carcasse de la hotte placée au-dessus de la plate-forme de la sécherie.

21. Projection de cette hotte, destinée à porter au dehors les vapeurs aqueuses qu'exhalent les matières mises à sécher sur la plate-forme.

P. Projection de la hotte platte à fausse équerre, qui a remplacé celle dont on voit la projection.

FIGURE IIe. Elle représente, sur la gauche, la coupe du système des chaudières d'évaporation ; et sur la droite, la coupe de la sécherie de l'étuve. — L'une et l'autre coupe prise sur la ligne A B de la fig. Ire de la planche Ire ; et la ligne N O de la fig. Ire de la planche IIe.

22. Conduits de chaleur, pratiqués sous la partie de la chaudière réduisante opposée celle antérieure, posée immédiatement sur le foyer du tisard.

23. Mur de séparation de ces conduits.

24. Conduits de chaleur pratiqués sous la chaudière préparante.

25. Leurs murs de séparation.

26. Projection de la première hotte placée sur les

chandières, et qui était destinée principalement à conduire les vapeurs aqueuses au-dehors de l'atelier.

27. Hotte plate et à fausse équerre, qui lui a succédé, et dont la destination est de diriger les vapeurs aqueuses vers la ventouse 28, au moyen du courant d'air extérieur, introduit par l'ouverture des châssis à charnières 29, et attiré par le calorique en expansion dans le tuyau de cheminée, 9.

30. Partie supérieure de la fausse équerre de la hotte, enduite d'une couche de plâtre, vis-à-vis la ventouse, dans la crainte du feu.

31. Châssis de croisée, dont l'objet est d'éclairer la partie des chaudières qui se trouvent près du corps de cheminées.

32. Projection de la traverse de la hotte, à laquelle sont fixés les différens châssis à charnières 33, qui enveloppent les chaudières sur deux de leurs faces.

34. Volets à coulisse en partie relevés.

35. Plate-forme composée de barreaux de fer, placés à côté les uns des autres, en se touchant, et sur lesquels reposent les fonds des chaudières.

36. Projection de la première hauteur à laquelle avait été fixée la hotte aplatie; mais, pour la facilité du service, dans le cas de la réduction totale des liquides, on a préféré de l'établir à la hauteur indiquée par la figure.

37. Conduits de chaleur sous la plate-forme de la sécherie.

38. Leurs murs de séparation.

59. Carcasse de la hotte sur laquelle sont clouées des voliges ou planches légères.

40. Petit conduit de communication, par lequel passe le calorique qui s'échappe des conduits pratiqués sous la chaudière préparante, pour se rendre dans les conduits établis sous la plate-forme de la sécherie.

41. Ouverture du tuyau ou conduit de sortie des fumées qui ont circulé sous la plate-forme, et se rendent dans le tuyau de cheminée 9.

42. Registre pour régler la sortie plus ou moins prompte de ces fumées.

Figure IIIᵉ. Coupe du système des chaudières garnies de nos évaporateurs ; elle est sur la ligne C D, de la figure 1ʳᵉ de la planche 2.

E. Coupe de la partie supérieure de la hotte en fausse équerre, prise sur la ligne FG, de la partie gauche de la fig. 2 de la planche 1ʳᵉ.

43. Coulisse en fer plat, dans laquelle monte ou descend le registre 44, au moyen de la chaîne en fer 45, agissant sur les poulies 46. Ce registre est destiné à régler l'effet du ventilateur en fermant plus ou moins la ventouse 47.

48. Chevrons de la hotte sur lesquels on cloue des voliges.

49. Vue en raccourci et en face de la partie plate de la hotte au-dessus de l'évaporante ou de la réduisante.

50. Rouleau autour duquel se dévident les cordes sortant des nœuds 51, formés par la réunion des

cordes 52, fixées aux anneaux des châssis 53, des évaporateurs en osier 54, et de ceux en filets ou cordelière 55. Dans le cas où ce rouleau serait placé trop haut, le mouvement pourrait lui être imprimé par le moyen d'une bielle de renvoi à sa manivelle.

56. Rochet garni de son cliquet de sûreté pour retenir les évaporateurs à la hauteur nécessaire.

57. Conduits de chaleur sous l'évaporante.

58. Leurs murs de séparation.

59. Volets à charnières. Ils sont relevés lors de la réduction totale des liquides.

60. Volets semblables, rabattus et fermés sur le bord de l'évaporante, hors du moment de cette réduction.

61. Projection de la carcasse de partie de la hotte à fausse équerre.

62. Caisse à recevoir le sel à égoutter qui est extrait au fur et à mesure de la réduisante. a, traverse en fer ; b, niveau du sel contenu dans la caisse.

63. Entrée des conduits pratiqués sous la partie de la réduisante, éloignée du foyer du tisard.

64. Evasement ou glacis pratiqué de chaque côté du tisard, pour mettre une plus grande surface de la chaudière en contact avec la flamme qui s'élève du tisard.

65. Bouche du tuyau de descente des fumées, d'où celles-ci se dirigent vers la grille du tisard.

66. Barreaux de la grille ; 67, leur support ; 68, emplacement du cendrier ; ses deux faces latérales 69, sont inclinées vers la grille.

70. Robinet que l'on peut ouvrir de dessus l'escalier du cendrier, et qui fournit au besoin ou continuellement, un filet d'eau qui sort par le tuyau 71, sous forme de pluie fine, et tombe dans le bassin 72. Ce bassin, plein d'eau, reçoit les braises ou *escarbilles* tombées de la grille du tisard ; leur chaleur, jointe à celle rayonnante sous la grille, entretient une continuelle évaporation de l'eau du bassin, ou de celle qui y afflue. L'oxigène qui s'en dégage en traversant le foyer, concourt d'autant à la combustion des corps allumés qui se trouvent dans le tisard.

73. Niveau du sol de l'atelier entre chaque système de chaudières.

74. Niveau de l'atelier, du côté de la porte des tisards.

75. Niveau de l'eau contenue dans le bassin du cendrier. On doit veiller à ce que ce niveau soit constamment entretenu, pour la plus grande utilité qui en résulte.

76. Barres de fer formant plate-forme sur laquelle repose le fond des chaudières 77 et 78.

79. Mur sur lequel s'appuie la chaudière préparante, et qui renferme les tuyaux de cheminées 9 et 10, dont la coupe H, dans sa partie supérieure, montre en 80, la communication existante entre ces deux tuyaux, et en 81, la trappe s'élevant et s'abaissant à volonté, à l'aide de la corde ou du fil de fer 82, fixés au bras 83 de l'axe 84 de cette trappe, dont l'objet est non-seulement de procurer dans le besoin un courant d'air frais sous la

grille du tisard, mais encore, de tems à autre,
de laisser dégager les fumées lorsqu'elles nuisent
à la combustion par la quantité de gaz incombustible dont elles peuvent se trouver mélangées à
la longue.

Il serait plus convenable de pratiquer au tuyau
de cheminée 9 une trappe pareille, qui serait destinée à la sortie des fumées ; alors celle du tuyau
10, au moyen d'un registre qui fermerait toute
communication entre les deux cheminées, servi-
rait seule, dans le besoin, à l'entrée de l'air frais
dirigé sur la grille du tisard, si on ne croyait
devoir lui en destiner un spécial 6, et continuel-
ment ouvert, qui aurait son ouverture maillée à
côté de la préparante en *a*, figure 1re., et débou-
cherait dans le cendrier en *c*, figure 3. Le tirage
s'en réglerait facilement, en bouchant plus ou
moins la maille de l'ouverture. On aurait soin
d'ailleurs que l'air affluant par ce canal fût en har-
monie, par rapport au foyer, avec l'air arrivant
par le soufflet de l'escalier du cendrier. Toujours
convient-il de ramener le plutôt possible à la grille
les fumées, dans la crainte qu'elles ne perdent trop
de leur chaleur par un long trajet, ce qui néces-
siterait, dans le cas où cette chaleur serait tombée
à dix ou douze degrés, d'établir sur leur passage
un petit feu particulier pour décider leur courant.

FIGURE IV. Elle représente, sur une échelle particulière d'une grande division, le développement
d'une bascule d'agitation avec agitateur mobile;

elle est placée sur une chaudière dont la coupe est prise sur la ligne I K de la figure 1ʳᵉ. de la planche 1ʳᵉ.

Nota. Cette coupe est censée vue du côté de la cheminée.

1. Rouleau armé, à chacune de ses extrémités, d'une petite frette, 2.

3. Partie de la cloison qui sépare l'évaporante de la réduisante; 4, potelure; 5, voliges.

6. Partie d'un volet; il est doublé à cette partie par rapport à l'axe du rouleau qui tourne dessus.

7. Extrémité de ce rouleau; 8, manivelle qui sert à imprimer le mouvement à la bascule.

9. Appendice qui communique le mouvement de va et vient à l'agitateur 10, en attirant et poussant le châssis 11, que cet appendice traverse dans une mortaise 12, pratiquée à cet effet.

13. Roulettes verticales; 14, roulettes horisontales, dont une supérieure et une inférieure. C'est entre ces quatre roulettes que se meut la queue des châssis 11.

15. Boulon carré ou plat qui traverse l'agitateur; il est maintenu ferme, au moyen de l'écrou 16.

17. Traverse encastrée en partie dans la barre de longueur du châssis formant l'équerre d'un T. Cette traverse est armée, à l'une de ses extrémités, d'une roulette à languette 18, et à l'autre, d'une roulette à rainure 19.

20. Chemins de ces roulettes. Ils sont disposés de manière à pouvoir être enlevés à volonté, lors de

la réduction totale des liquides et des réparations de la chaudière réduisante.

21. Doigts de l'agitateur; ils peuvent être ronds ou carrés; dans ce dernier cas, il est bon que l'angle se présente en avant, au lieu d'être sur le côté.

22. Niveau du liquide contenu dans la chaudière 23.

24. Barreaux de fer formant plate-forme sur laquelle pose le fond de la chaudière.

25. Vide autour des *calendes* ou côtés 26 des chaudières, et rempli d'un mélange de cendres et de poussier de charbon, comme non conducteur de la chaleur, et propre par conséquent à empêcher la dissipation de celle que tamise, au contraire, plus ou moins le métal de la chaudière, suivant qu'il est dur ou mol.

27. Ceinture de briques réfractaires qui enveloppent les côtés et pourtours des chaudières.

28. Ouverture des conduits de chaleur, qui donne accès au calorique émané des combustibles allumés sur la grille du tisard.

29. Mur de séparation de ces conduits.

30. Barre d'appui des volets, elle sert en même temps à recevoir le choc et le frottement des manches des écumoires et autres outils lors de la réduction totale des liquides ou des légères réparations des chaudières.

On observera ici que lors des réductions à siccité, l'évaporation étant très-faible, et, pour ainsi dire, nulle quand la pellicule est formée, et qu'elle couvre toute la surface de la liqueur, il faut alors passer continuellement l'écumoire

dans la chaudière, et rompre cette pellicule dans
tous les sens ; c'est un moyen d'accélérer l'évaporation , et de hâter la chute des matières salines.

PLANCHE II.

Figure Iʳᵉ. La partie de gauche représente le plan du
massif sur lequel sont construits les tuyaux ou
conduits de chaleur que couvrent les fonds des
trois chaudières dont se compose un de nos systèmes d'évaporation.

La partie de droite représente le plan du massif
sur lequel sont établis les conduits de chaleur
que recouvrent les plaques de fonte dont se compose la plate-forme de l'étuve destinée à dessécher
les diverses matières salines extraites des chaudières , ou toutes autres substances plus ou moins
imprégnées de liquide.

1. Conduits de chaleur.

2. Leurs murs de séparation.

3. Regards ou évents pratiqués à l'extrémité de chacun de ces conduits ; ils sont seulement plaqués
d'argile à leur extérieur, afin que l'ouverture en
soit plus facile , lors des besoins de ramonage.

4. Registre qui sert à donner ou ôter tout accès à la
chaleur d'une chaudière à l'autre.

5. Tisard ; 6, barres de la grille ; 7, supports des
barres.

8. Vide laissé en avant de la grille, et destiné à

donner un |passage libre à la fumée rappelée au
foyer, et y arrivant par le conduit 9, après avoir
parcouru celui de descente 10, et celui de la cheminée 11. Ces deux tuyaux de cheminée font,
comme l'on voit, siphon entr'eux.

12. Escalier pour descendre au cendrier du tisard.

13. Soufflet que l'on ouvre ou ferme à volonté pour
régler l'introduction de l'air extérieur. Le reste
de l'ouverture de la descente du cendrier est fermé
par un *mussé*, ou autrement par une couche d'argile rouge mélée de foin court ou de regain, qu'on
plaque sur de mauvaises tôles ou *ferrasses* posées
sur des barres de fer ponctuées 14. Au moyen
de cette fermeture, l'air extérieur ne peut plus
s'introduire dans le cendrier que par le seul soufflet 13.

15. Escalier pratiqué dans l'épaisseur du mur du
corps des cheminées, et qui conduit près le tuyau
de descente des fumées, et au bassin renfermé
dans le conduit 9, contenant l'eau de chaux destinée d'une part à absorber l'acide carbonique charrié
avec les fumées, et de l'autre à produire, par sa
chute sous forme de pluie dans le bassin disposé au
bas du cendrier, de légères surfaces aqueuses plus
susceptibles, sous cette forme, d'être vaporisées
par la chaleur rayonnante, et d'arriver plus
promptement au foyer, pour y subir la décomposition de leurs principes, qui deviennent alors de
nouveaux alimens du calorique.

16. Conduits de chaleur de la sécherie; 17, leur mur
de séparation; 18, tuyau de communication des

conduits de chaleur des chaudières avec ceux de
la sécherie de l'étuve 19.

20. Regards destinés au nettoiement de ces conduits.

21. Couloir qui conduit au tuyau de communication
22, avec le tuyau de la cheminée 11 ; il sert au
nettoiement de ce même tuyau.

23. Projection de la hotte construite au-dessus de la
plate-forme de la sécherie de l'étuve.

24. Poteaux qui supportent le bâtis de cette hotte.

25. Projection de la hotte aplatie, et se relevant en
fausse équerre, placée sur le système des trois
chaudières d'évaporation.

FIGURE II. Elle représente 1°. Sur le côté gauche, et
dans sa partie supérieure, la coupe du système
des chaudières d'évaporation à chaud, garnies de
leurs évaporateurs. Ladite coupe prise sur la ligne
L M du plan de la figure 1 ; 2°. dans la partie
inférieure de ce même côté gauche, la coupe de
ces chaudières ; elle est prise sur la ligne N O
du plan de la figure 1 ; 3°. sur la partie droite,
la coupe d'un pareil système de chaudières d'évaporation à froid, adossées au même corps de
cheminées, et sur lequel système s'exerce le même
ventilateur, ou autrement le calorique en expansion qui se perd dans la cheminée.

Les mêmes lettres indiquent, dans l'une et l'autre partie ,
les mêmes choses.

1. Tuyau de cheminée contenant le calorique ou expansion faisant ventilateur, au moyen des ven-

touses 2, qui sont pratiquées sur les faces montantes 3 du corps de cheminée.

4. Registres des ventouses; ils sont garnis de leurs
chaînes de fer 5, qui passent sur les parties 6, et
dont l'extrémité est attachée à une corde qui
descend jusque dans l'atelier.

7. Bâti des hottes placées sur chacun des systèmes
des chaudières chauffées et non chauffées.

8. Châssis de croisées pour l'éclairage de l'intérieur
de la hotte qui longe le mur de la cheminée au-
dessus de la préparante 9.

10. Evaporateur en osier des chaudières chauffées.

11. Evaporateur en cordes des chaudières non chauffées.

12. Poulies sur lesquelles passent les cordes 13 qui
sortent des nœuds d'assemblage 14, des cordes
15 fixées aux châssis 16 des évaporateurs.

17. Traverses auxquelles sont fixées les chapes des
parties.

18. Rouleau sur lequel se dévident en sens contraire,
dessus et dessous, afin d'opérer leur jeu par un
même mouvement, les cordes qui élèvent ou
abaissent les différens évaporateurs distribués soit
à droite soit à gauche de ce rouleau. On a placé
ici ce rouleau le plus haut possible sous la hotte,
afin de ne pas nuire, par son volume, à l'effet
du courant d'air extérieur; cependant, il pourrait
être établi plus à la portée de l'ouvrier, sans qu'il
nuisît d'une manière essentielle; seulement il fau-
drait des poulies de renvoi de plus, elles ajoute-
raient alors au frottement.

19. Traverses sur lesquelles sont fixées les charnières des volets 20; ceux-ci sont retenus, étant relevés, sur l'extérieur de la hotte, avec un simple tourniquet.

21. Lames des volets à jalousies placés du côté des tisards, et dont le plus ou le moins d'ouverture dans le même sens ou en sens contraire, modifie l'introduction de l'air extérieur, soit sur les évaporateurs, soit sur le liquide contenu dans les chaudières.

22. Potelure de la cloison qui sépare les deux chaudières réduisante et évaporante; les voliges n'y sont pas clouées, afin de laisser voir les évaporateurs, etc.

23. Poteau plus fort qui supporte les axes du rouleau.

24. Chaudières non chauffées formant, si l'on veut, réservoir, et disposées de la même manière que les chaudières chauffées.

25. Niveau des liquides contenus dans ces sortes de réservoirs.

26. Niveau du sol de l'atelier.

27. Chaudière préparante.

28. Chaudière réduisante.

29. Partie antérieure de la réduisante, exposée au contact immédiat de la flamme.

30. Conduits de chaleur disposés sous la partie postérieure de la réduisante; ils doivent être plus ouverts que ceux 31 de la chaudière préparante, et

ceux de cette deuxième chaudière plus que ceux de la préparante.

32. Mur de séparation des conduits de chaleur.

33. Partie du manche du registre ouvert 34, entre la réduisante et l'évaporante.

35. Partie du manche du registre fermé 36, entre la réduisante et la préparante.

37. Coupe de la caisse à recevoir les substances diverses extraites des réduisantes ; elles y égouttent le peu de liquide qu'elles contiennent encore.

38. Traverse en fer sur laquelle est secouée l'écumoire qui apporte le sel dans la caisse.

39. Châssis de fer plat qui supporte cette caisse.

40. Barre de fer formant plate-forme, sur laquelle repose le fond des chaudières.

41. Niveau de l'entre-deux de chaque système d'évaporation ; c'est là que se placent d'un côté le salinier, lorsqu'il réduit les eaux salines, et de l'autre l'ouvrier chargé de la conduite des évaporateurs.

42. Tisard ; 43, sa porte ; elle ne s'ouvre que lorsqu'il faut tirer ou jeter du combustible sur la grille, et aussi l'y ranger et en abattre les braises ; 44, grille ; 45, vide laissé en avant pour l'accès de la fumée rappelée au tisard ; il sert aussi pour abattre au besoin les différens combustibles, et les éteindre dans le bassin disposé en bas du cendrier.

46. Marches de l'escalier du cendrier 47.

48. Bassin plein d'eau dans lequel s'éteignent les braises ou escarbilles qui échappent, ou que l'on fait tomber, au besoin, de la grille du foyer. Cette ex-

tinction contribue aussi à l'ardeur du foyer par
la vaporisation de l'eau et sa décomposition, qui
en est la suite.

49. Ouverture par laquelle sortent les fumées attirées
vers le foyer, et descendues par le tuyau 9; elles
sont retenues dans leur course par les arrêts 51,
ce qui les met plus long-temps dans le cas de lécher la surface de l'eau de chaux contenue dans le
réservoir 52, et d'y déposer, à raison de leur
contact prolongé avec cette même eau, la ma-
jeure partie de l'acide carbonique qu'elles charient.
On sent bien qu'il faut de temps en temps nettoyer
les réservoirs des parties calcaires qui se déposent
sur le fond, et qui ne passent pas par le robinet.

On observera que les arrêts et leurs entre deux
sont postiches, c'est-à-dire, que ces arrêts ne
sont autre chose que des barres en travers plaquées de *massé*, de même que les entre-deux ne
sont que des ferrasses enduites du même lut.

La face du cendrier est aussi postiche, ce qui
rend d'autant plus facile le nettoiement de ces réservoirs.

53. Robinet qui renvoie l'eau du réservoir plus ou
moins chargée de carbonate de chaux dans le
tuyau 54, percé à l'instar des pommes d'arrosoirs,
afin que cette même eau tombe à l'instar d'une
pluie, et que sous cette même forme elle présente
non seulement un nouveau moyen de contact à
l'acide carbonique des fumées qui ne se serait pas
combiné lors de leur passage sur les réservoirs
d'eau de chaux, mais encore plus de facilité et de

promptitude à son évaporation, par l'effet du calorique du foyer vers lequel les vapeurs produites
sont entraînées avec la rapidité du courant que
détermine la grande consommation qui a lieu en
oxigène et autres gaz inflammables.

55. Bassin particulier placé pour recevoir le premier
contact des fumées, et aussi leur dépôt tombant
des parois du tuyau de descente.

Ces différens bassins doivent, autant que possible, être entretenus d'eau dans la proportion
de sa diminution. C'est le moyen d'obtenir un
résultat uniforme dans le service et l'utilité qui leur
est propre, sous le rapport de l'application que
l'on vient d'indiquer.

56. Soufflet du tisard au-dessus de l'escalier ; 57, ferrasse qui le bouche à moitié.

58. Partie autour du soufflet couverte de massé sur
laquelle on peut circuler pour le service de la
partie antérieure de la réduisante.

59. Escalier par lequel on monte au sol nivelé 41,
entre chaque système des chaudières, pour en
faire le service.

60. Porte à coulisse pour le transvasement du liquide ;
61, seuil de plomb mince pour renvoyer dans
l'une des chaudières dont il couvre l'entre-deux,
l'égoût des eaux transvasées.

FIGURE III. Coupe des chaudières évaporantes et réduisantes garnies de leur bascule d'agitation, prise

sur la ligne P Q de la figure Ire. des planches Ire.
et IIe.

1. Bascule d'agitation à rouleau, et avec agitateur
fixe.

2. Bascule d'agitation à levier, avec agitateur à tirans, et mobile.

3. Niveau du liquide évaporable dans les deux chaudières.

4. Tuyau de communication du conduit de sortie
des fumées circulantes sous la sécherie de l'étuve,
avec la cheminée montante, 5.

6. Registre pour le gouvernement de la sortie des
fumées et du peu de calorique qu'elles peuvent
encore contenir.

7. Cheminée de descente pour les fumées aspirées
par le foyer du tisard.

8. Registre pour le gouvernement de la descente des
fumées dans le conduit 9, pratiqué sous la réduisante, et renfermant le réservoir 10, rempli d'eau
de chaux.

11. Arrêts disposés au-dessus du réservoir pour for-
cer la fumée à se mettre plus en contact avec cette
eau pendant son trajet dans le conduit. Si les fumées arrivées au réservoir conservaient encore
assez de chaleur, environ quinze degrés, on pourrait, sans le secours et la dépense d'un feu particulier, indispensable au cas contraire, pour déter-
miner le courant, leur faire traverser plusieurs
conduits placés l'un à côté de l'autre, et contenant
chacun un réservoir d'eau de chaux. Les retards

successifs qu'elle éprouverait pour se rendre au tisard, en la mettant plus long-temps en contact avec la dissolution calcaire, contribueraient singulièrement à dépouiller de plus en plus ces fumées de l'acide carbonique qu'elles contiennent, et l'ardeur du foyer en serait d'autant augmenté.

12. Projection de l'escalier qui même de l'atelier au réservoir d'eau de chaux.

13. Hotte à fausse équerre, vue de face, échancrée à sa partie supérieure 14.

15. Vue de la partie aplatie de cette hotte, qui recouvre les deux chaudières évaporantes et réduisantes.

16. Mur renfermant les cheminées montantes et descendantes, sur lequel s'appuient les deux systèmes d'évaporation à chaud et à froid, ou seulement le système d'évaporation à chaud d'un côté, et de l'autre une étuve ou sécherie, selon les intérêts et le commerce des entrepreneurs.

17. Niveau de l'atelier entre chaque système de chaudières.

18. Conduit de chaleur; 19, mur de séparation.

FIGURE IV. Bascule d'agitation garnie de son levier et de ses agitateurs mobiles; elle est représentée sur une échelle particulière et d'une grande division.

1. Agitateur; 2, ses doigts; on voit que ces instrumens sont placés en telle manière que l'un a seulement des doigts dans son milieu : celui qui le précède ou le devance n'en a pas dans son milieu,

mais seulement à ses deux extrémités, et ainsi des autres, en alternant.

3. Anneaux dans lesquels entrent les croches et des tirans qui communiquent de chaque côté le mouvement à tous les agitateurs dont est armée la bascule.

4. Coupe de la traverse fixe de cette bascule; le boulon 5 qui la pénètre est retenu par l'écrou 6. La partie supérieure de ce boulon traverse le levier 7, et lui sert de point d'appui; la dent 8, fixée sur l'agitateur qui est au-dessous, pénètre l'extrémité du petit bras du levier, et forme son point de résistance.

9. Manche du levier à l'aide duquel la main de l'ouvrier imprime le mouvement de va et vient.

FIGURE V. Câhssis représenté à vue d'oiseau; il démontre la manière dont sont placés les clayons en osier, et les filets qui les suppléent.

1. Portion du châssis.

2. Clayons, 3, bâtons auxquels ils sont fixés par les attaches 4. Ces bâtons sont placés chacun d'un côté dans des entailles 5, recouvertes par des tourniquets 6, et de l'autre côté, dans de semblables entailles recouvertes d'une barre que pénètrent des tenons 10 traversés par des clavettes qui les empêchent de s'échapper.

7. Traverse disposée de distance en distance sur les *longrines* 11 des châssis pour les fortifier, et empêcher en outre leur écartement.

8. Anneaux auxquels sont attachées les cordes du

nœud dont sortent celles qui se dévident sur les rouleaux. Ces anneaux sont placés soit à l'extrémité du châssis, soit dans toute autre partie des longrines 11, selon leur largeur, et pour le plus parfait équilibre dans la montée et descente des évaporateurs.

FIGURE VI. Vue de partie des claies et des filets qui les remplacent, fixés autour du châssis.

1. Châssis, 2, partie d'une claie et d'un filet cloué sur le châssis.

5. Partie vide pour donner accès à l'air ambiant.
6. Anneaux placés ici aux extrémités du châssis auquel sont attachées les cordes 8.
7. Attache des claies et filets aux angles de retour du châssis.

FIGURE VII. Vue de partie d'un clayon et d'un filet qui le remplace.

1. Coupe des longrines du châssis.
2. Partie d'un clayon posé dans l'entaille 3 du châssis. Cette entaille est recouverte de son tourniquet 4.

5. Partie d'un filet remplaçant le clayon, et dont le bâton auquel il est attaché est placé dans son entaille 6, recouverte de la barre ou lame de traverse 7.

8. Anneaux placées sur les longrines d'un châssis, ainsi que les représente la figure 5 ; les cordes 13 leur sont attachées.

9. Attache des clayons à la claie 10, fixée à l'extérieur du châssis.

11. Attache des filets au filet 12, fixé à l'extérieur du châssis.

On observera que les claies ont leur longueur déterminée par la profondeur des chaudières et la hauteur en outre à laquelle on peut les élever. Les filets au contraire sont susceptibles d'être plus ou moins longs; ils peuvent avoir en hauteur le double de celle du liquide contenu dans les différens réservoirs ou chaudières des usines auxquels ils sont appliqués; ils doivent au reste être proportionnés à la hauteur à laquelle l'atelier permet de les élever, pour l'égout des eaux dans les mêmes vaisseaux d'où ils sont sortis, et aussi pour l'évaporation présumable pendant la chute de ces mêmes gouttes de liqueur dont les mailles sont plus ou moins imbues.

On observera encore qu'il est à propos que les cordes de ces filets soient débouillies avant d'être mises en usage, afin qu'elles conservent ensuite constamment la souplesse que leur procure cette opération, qui d'ailleurs les purge de leur paurement, et les empêche de se recoquiller sur elles-mêmes par l'impression de la chaleur, ce qui ne manquerait pas d'arriver, si ces cordes n'avaient subi cette préparation.

PLANCHE III.

Figure Ire. Plan d'une étuve placée au premier étage ; elle est entretenue par le calorique qui se perd dans les cheminées des tisards des chaudières qui sont disposées au rez-de-chaussée de l'usine.

1. Tuyaux de cheminées des tisards de deux systèmes d'évaporation. Ces tuyaux sont d'abord inclinés l'un près de l'autre, et ne forment ensuite qu'un seul corps pour l'introduction du calorique qui s'y porte dans l'étuve ou la sécherie.

2. Conduits de chaleur.

3. Murs de séparation de ces tuyaux.

4. Tuyau d'aspiration ou de descente des fumées au tisard des chaudières.

5. Tuyaux de communication des cheminées de descente aux cheminées directes.

7. Registre d'entrée du calorique dans la série des conduits de chaleur 8, affectés aux chaudières appartenantes à un système d'évaporation.

9. Registre de sortie du calorique épuisé, ainsi que des fumées, soit dans le tuyau de communication 5, soit dans le tuyau de descente 4. Dans le dernier cas, ce registre ferme le tuyau 5, et le registre 10 est ouvert.

11. Portion de plate-forme en métal ou en fonte.

12. Portion d'une plate-forme en dalles, ou briques composées.

13. Passage pour communiquer de chaque côté des plate-formes.

14. Escalier; 15, croisées; 16, murs de l'atelier; 17 , porte de l'entrée de l'étuve.

18. Events à coulisses, pratiqués dans le bas de la cloison 19, pour corriger l'air altéré de l'étuve par l'entrée de l'air extérieur. La partie basse de l'appui des croisées et de la porte d'entrée est disposée dans le même but.

20. Bordure en briques autour de la plate-forme.

21. Ceinture an fer plat posé de champ pour la conservation de cette bordure, et en outre pour la propreté et la facilité du travail sur la plaque.

22. Retour des tuyaux ou conduits de chaleur.

FIGURE II. Elle représente plusieurs coupes et profils tant des cheminées que de la plate-forme de l'étuve.

A. Coupe du tuyau de communication 5, dans sa partie inférieure, prise sur la ligne $a\,b$ de la figure 1.

B. Coupe de la plate-forme, sur la ligne $c\,d$ de la figure 1.

C. Coupe de la plate-forme sur la ligne $e\,f$.

23. Plaque de fonte formant plate-forme.

24. Dalles couvertes de carreaux ou briques composées, formant aussi plate-formes.

25. Diaphragme ou retombée qui diminue le passage du calorique et des fumées par le retour 22.

26. Carrelage du plancher de l'étuve.

27. Solives du plancher, 28, poutre.

29. Partie supérieure du tuyau de communication 5.

30. Partie de la plate-forme métallique vue de face, et en élévation géométrale.

31. Partie d'un mur de séparation des conduits de chaleur, vu sans couverture.

31. Partie du même mur chargé de sa couverture, vue en coupe.

FIGURE III. Elle représente plusieurs coupes et profils de cheminées directes, et des tuyaux de communication, sur la ligne $g\,h$.

D. Coupe des tuyaux de cheminées directes, et de ceux de communication 5.

E. Coupe d'une partie des conduits de chaleur et du plancher de l'étuve, prise sur la ligne $n\,o$.

F. Elévation géométrale de la plate-forme vue extérieurement et en face, prise sur la ligne $i\,k$.

33. Coupe des deux cheminées directes réunies.

FIGURE IV. Plan à vue d'oiseau des deux ventouses de l'étuve.

54. Ventouse ouverte, 35, ventouse fermée.

36. Corde passant sur les parties 37, et servant à fermer et ouvrir les ventouses.

38. Potelet à l'extrémité duquel sont placées les deux poulies.

FIGURE V. Coupe des deux ventouses, prise sur la ligne $l\,m$.

41. Solives du plancher.

42. Chevêtres entre lesquels sont disposées les ventouses.

43. Traverse sur laquelle est placé le potelet qui porte les poulies.

TABLE SOMMAIRE.

—

(98)

Leur application aux sucreries et indigoteries, *idem.*
—Aux manufactures anciennes et nouvelles où l'on
évapore des liquides, et où l'on en dessèche les extraits, 65. — Epoque des épreuves de l'un et l'autre
appareil, 67.

Explication des figures. L'extinction des braises ou des
escarbilles dans un bassin ou courant d'eau sous le
cendrier contribue à l'ardeur du foyer des tisards ,
75. — Nécessité de dégager de tems en tems le gaz
incombustible, 76. — Avantages d'un canal particulier pour amener de l'air frais sous la grille, *id.*
— Les fumées doivent être rendues le plutôt possible au foyer , *id.* — Emploi de la cendre de bois ,
et de la poussière de charbon comme non conducteurs
du calorique, 78. — Nécessité de rompre continuellement la pellicule dont se couvre la surface des eaux
salées concentrées , *id.*—Passage des fumées sur des
réservoirs d'eau de chaux qui absorbent l'acide carbonique qu'elles charient, 80 et 85. — Chute sous
la forme de pluie de l'eau de ces réservoirs dans un
bassin placé sous le cendrier du foyer des tisards,
id.—Disposition de ces réservoirs et bassins, 85, 87.

ERRATA.

Page 3, ligne 16 : à son tour, lisez *à leur tour.*
38, ligne 1 : en ce qu'elle, lisez *en ce qu'elles.*
65, ligne 13 : de sucres , lisez *et sucres.*

De l'Imprimerie de POULET.

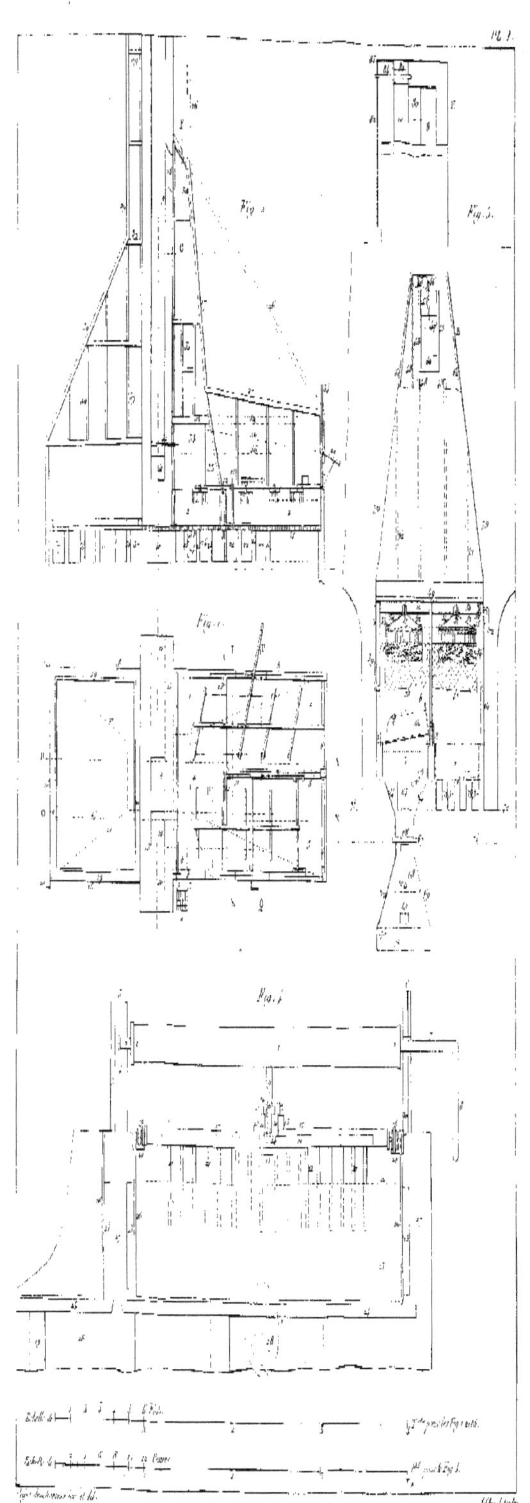

Pl. 1.
Fig. 1.
Fig. 3.
Fig. 2.
Fig. 4.

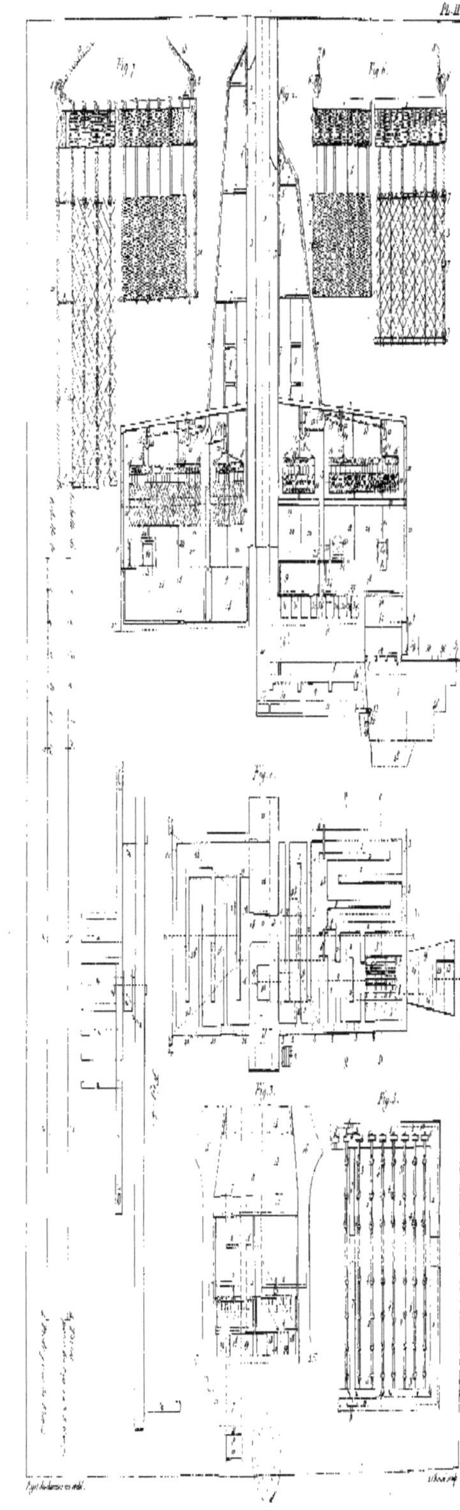

Pl. II

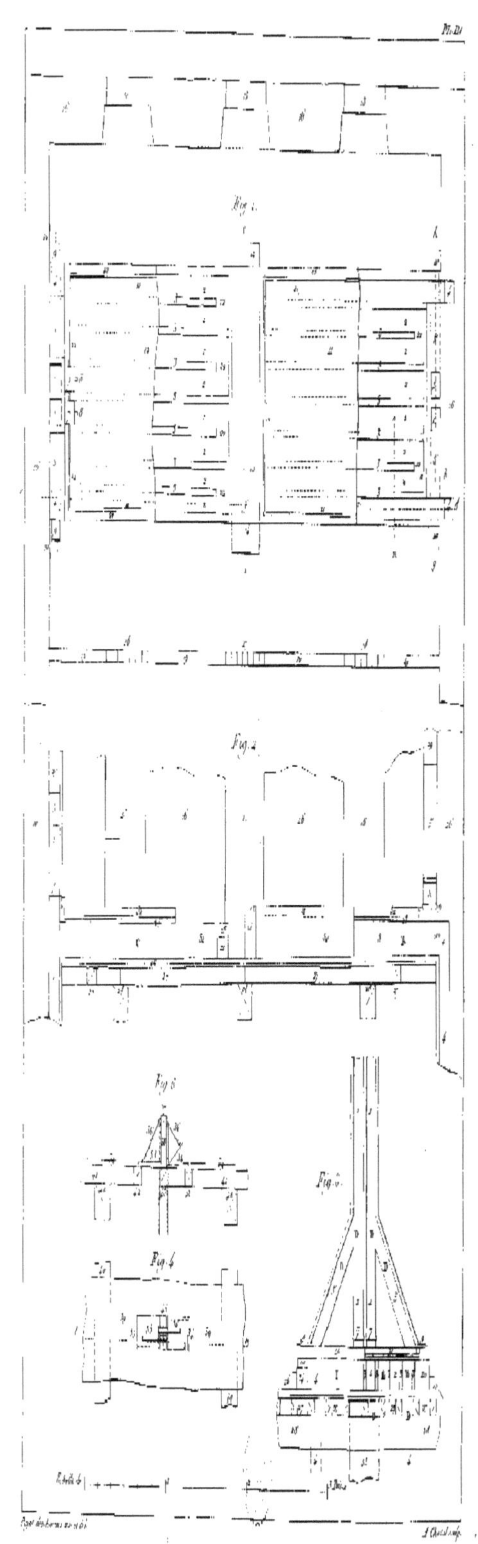

Pl. IV
Fig. 1.
Fig. 2.
Fig. 3.
Fig. 4.
Fig. 5.
Fig. 6.